青少年百科知识

科学
探索 · # 中国历史寻真

SCIENTIFIC EXPLORATION

司马榆林◎编著

河南人民出版社

图书在版编目（CIP）数据

中国历史寻真/司马榆林编著. --郑州：河南人
民出版社，2014.11
（青少年百科知识文库. 科学探索）
ISBN 978-7-215-09063-7

Ⅰ. ①中. Ⅱ. ①司. Ⅲ. ①中国历史－青少年读物
Ⅳ. ①K209

中国版本图书馆CIP数据核字(2014)第258379号

设计制作：崔新颖　王玉峰
图片提供： fotolia

河南人民出版社出版发行

（地址：郑州市经五路66号　　邮政编码：450002　电话：65788036）
新华书店经销　　　　永清县晔盛亚胶印有限公司 印刷
开本 710毫米×1000毫米　　　　　1/16　　　　印张 9
字数 128千字　　　　插页　　印数 1-6000册
2014 年 11 月第 1 版　　　　　2015 年 4 月第 1 次印刷

定价：29.80 元

目录 CONTENTS

Part ① 政界疑云

Part ② 战争谜团

Part ③ 宫廷迷雾

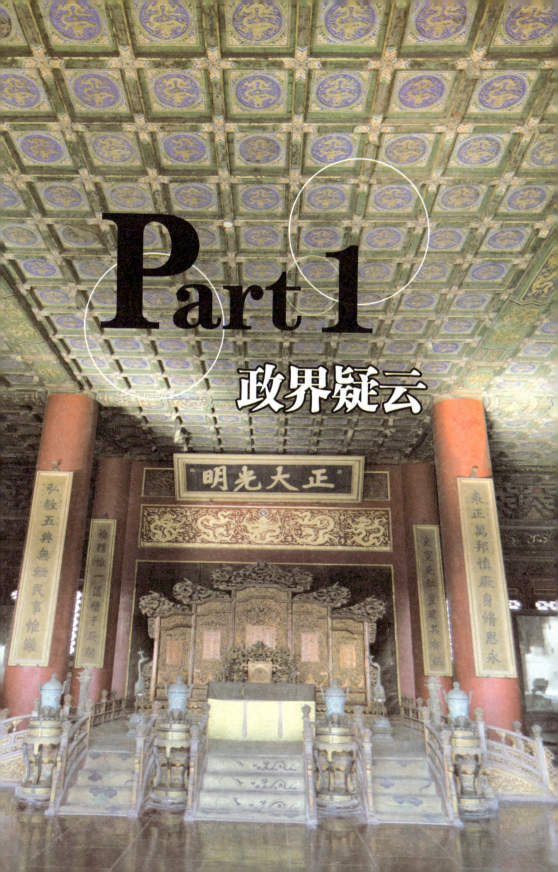

Part 1

政界疑云

周公为何没有篡夺王位

西周时期，周武王驾崩，太子成王年纪尚小，关于周公作为成王叔父如何处理当时朝中政治局面的这一问题，从春秋时期到现在，一直是众说纷纭。《左传·僖公二十六年》称，周公曾"股肱周室，夹辅成王传"；《左传·定公四年》又记，成王在武王之后继位时，"周公相王室以尹天下"；《史记·周本纪》也载，由于天下刚刚稳定，成王还在少年时期，"周公……乃摄行政，当国"。从这些可了解周公只是"夹辅"或"相"成王，"摄（代为）行政"，并没有篡夺王位的意思。《孟子·万章》说得更为详细，"周公不有天下"。

然而有些史料中记载，周公的所作所为并不是这样的。

《荀子·儒效》和《淮南子·记论训》都说，周公想要夺取天下。清代王念孙《读书杂志》解释说，周公想要得到天子的王位。《礼记·明堂位》和《韩诗外传》卷三又称，周公想要坐上天子的位置。《尚书·大传》更明确指出，周公身居要位，管理着天下的国事。据今所考，《尚书·大诰》中的"王"把文王称为"宁王"，也称作"宁考"。"考"是对已故父亲的称呼。文王的儿子是周公，文王的孙子是成王，所以只有周公才能称文王为"考"。《尚书·唐诰》又载："王若曰：'孟侯，朕其弟，小子封。'"

周公的同母弟是康叔，"封"即为康叔之名。《康诰》中的王对康叔称"弟"，显然这个"王"又是指周公。据上述条件可知，身居王位的周公的确自称为王。

为什么周公会僭位称自己为王呢？根据《尚书·金》的记载，周公曾对太公、召公说："我不管理国家，就没有办法告慰我的先王。"众所周知，武王死后，国家还未统一东方，这就有待于让自己的子嗣完成统一大业。由于成王尚年少，不能担负起这个重任。周公经过深思熟虑，觉得如果自己不称王，则各诸侯就会造反，先王的统一大业将毁于一旦，自己死后无法向先王交代。《荀子·儒效》也说，周公"履天子之籍"的原因是"恶天下之倍（背叛）周"。的确，由于刚创下基业，政局不稳定，成王年幼无知，还没有治理国家的能力；如果想巩固新生政权，

← 周公画像

就需要经验丰富的君主。其实，武王在临死前也想把王位传给周公。《逸周书·度邑解》记武王曾称赞周公为"大省知"，认为只有周公"可瘳于兹"，能稳定周初的政局，因而主张"乃今我兄弟相为后"，应该由弟来继承王位。当武王把自己的想法告诉了周公时，周公"泣涕共手"，即感激又害怕，并说自己不能这么做。这足以证明，周公并不是想篡权夺位。故《韩非子·难二》说："周公旦假为天子七年。"他也只是代替成王打理国事，等成王长大再主动交出权位。《汉书·王莽传》载，群臣上奏说："周公掌握大权，那么周朝就有道，且王室安稳，如若不然，周朝就有灭国的危险。"正因如此，周公才以天子的身份，对众多的大臣发号施令，常常称为天命。很明显，周公是为整个江山社稷作打算，才会"假为天子"。

但是，有些史料对此还有另一种说法，《荀子·儒效》记载说，周公屏除成王而继接武王来治理天下，有人说"偃然固有之"，这怎么不是想篡位呢？《史记·燕召公世家》又记当时"召公疑之"，《鲁周公世家》也记载周公对太公、召公解释过这个问题。召公、太公都是贤明之人，如果当时周公安分守己，怎么大家都怀疑他呢？特别是管叔、蔡叔他们都害怕周公的所作所为对于成王会有很大的威胁，所以才会发生暴乱。看着管、蔡的表现，足以证明他们对周王朝的忠心。关于管叔、蔡叔"受赐于王"、"开宗循王"之事，在《逸周书》中的《大匡》、《文政》等篇中都有记载。所以顾颉刚曾说："他们二人确实是武王的好助手。"周公运用计谋让应该继位的管叔到京城以外的地方做官，又在管、蔡发动暴乱起兵东征时杀死了他。

关于周公究竟是为了周王朝的江山社稷而正大光明的代为执政，还是因为耍尽手段要篡权夺位而没有得逞的问题，要想在现今大量纷繁复杂的历史古籍中找出答案，还存在困难。

秦朝的覆灭与赵高的关系之谜

　　赵高是秦始皇和二世皇帝宠信的权臣,他声势显赫,一时权倾朝野。很多历史学家有这样的看法:秦朝的覆灭,与这个人物篡权误国多少有些关系。

　　中国历史上著名的史学大师司马迁在《史记·蒙恬列传》中写到了赵高的身世:"赵高者,诸赵疏远属也。赵高昆弟数人,皆长隐宫,其母被刑戮,世世卑贱。秦王闻高强力,通于狱法,举以为中车府令。"

　　赵高为什么能平步青云地进入秦王朝中央政权机关呢?这是因为他"通于狱法",这一点与"喜刑名之学"的秦始皇不谋而合,因而成为秦始皇的心腹。秦始皇出巡途中病重,便让赵高给公子扶苏发送诏书,"以兵属蒙恬,与丧会咸阳而葬",即让扶苏继承皇位。但是诏书还没发出,秦始皇已死,李斯在赵高的威逼利诱下,同他一起伪造了遗诏,扶助胡亥为二世皇帝,赐公子扶苏自尽。接着,他千方百计陷害并杀死了掌握兵权的大将蒙恬和蒙毅。胡亥继承皇帝大位后,赵高又怂恿他"尽除去先帝之故臣",结果赵高帮助胡亥除去了许多秦朝的宗室大臣,连李斯也难免一死。从此,秦朝的中央大权完全被赵高掌握。

　　关于赵高的身世,历来众说纷纭。清人赵翼在《陔余丛考》卷四十一《赵高志在复仇》中说:"高本赵诸公子,痛其国为秦所灭,誓欲报仇……卒至杀秦子孙而亡其天下。则高以勾践事吴之心,为张良报韩之举,此又世论所及者也。"他自称,这种观念出自《史记索隐》,得到许多人的共认,郭沫若先生主编的《中国史稿》第二册"秦末社会矛盾的激化"章节中就这个观点指出:"赵高原是赵国远支宗室的后代,因其父犯罪被处宫刑,当了宦官……骗取了秦始皇的信任。"其实这种看法没能很好理解《史记》中所说的"生隐宫"。在今本《史记》三家注中有一段"索引"的记载说"盖其父犯宫刑",指出并非是赵翼认为的"自宫以进",而是以苦肉计进行报仇。另外,还有一种较新鲜的说法,认为赵高不是"宫人",因为京剧传统剧目《宇宙锋》中有赵高逼自己的女儿嫁给秦二世这一出。

因此,有人认为赵翼的观点本意只不过是为了故作惊人之论,因为今本《史记》三家注中"索引"部分,并无这些内容。就算赵翼真见了什么"孤本秘籍",此说也很难令人信服,因为这说法和《史记》原文大相径庭,而"索隐"是唐人司马贞所作,其史料价值不能与《史记》并论。《史记·蒙恬列传》原文说赵高为"诸赵疏远属也",并不是"赵诸公子"。因为"诸赵"一语,犹《史记》、《汉书》中常用"诸吕"、"诸窦","赵"乃姓氏,并非国名。而"诸赵"实际上指的是秦国王室。《史记》中记载得很明确:"太史公曰:'秦之先为嬴姓……然秦以其先造父封赵城,为赵氏。'"《史记·秦始皇本纪》也指出:"秦始皇及生,名为政,姓赵氏。"可见,所谓"诸赵疏远属也"乃指赵高是秦王室宗室,因而所谓"赵高乃赵诸公子,痛其国为秦所灭,誓欲报仇"之说是不能成立的。

综上所述,赵高并非"痛其国为秦所灭,誓欲报仇"而乱秦政。事实上,赵高乱秦政的故事,只能供参考。如前秦王嘉(一说梁萧绮)撰《拾遗记》中记载一则故事说："秦王子婴立，凡百日，郎中令赵高谋杀之。"秦始皇的鬼魂在梦中对子婴说："余是天使也，以沙丘来。天下将乱，当有同姓欲相诛暴。"子婴因此"囚高于咸阳狱"。这故事以天道轮回为凭，胡编乱造，当然令人难以相信。

其实，就算赵高是赵国公子，他曾为"宫人"，他与秦二世胡亥加紧盘剥百姓，又任意诛灭异己，滥用刑戮，使社会矛盾迅速激化起来，将建立不久的秦王朝推向崩溃的边缘，这一重罪也令他难辞其咎。在这种形势下，只要有星星之火，就会形成燎原之势，曾经显赫一时的秦王朝就这样被陈胜、吴广领导的农民起义以排山倒海之势、雷霆万钧之力推翻了。

← 赵高塑像

张良葬地在何处

西汉初年的张良，是中国历史上一位传奇式的人物。据《史记》、《汉书》等史籍记载，张良的先人五世相韩，秦灭韩后，他结交刺客，曾在博浪沙阻击秦始皇。陈胜、吴广起兵后，张良聚集起百余名少年投奔沛公刘邦。他精通兵法，为刘邦出谋划策，深得刘邦信赖。刘邦称赞他能"运筹帷幄中，决

← 张良雕像

胜千里外"。汉朝建立后，被封为留侯。然而，这位功名卓著的开国元勋在功成名就之后，却急流勇退，称病不朝，过起闭门谢客的隐居生活，直至汉高后三年（公元前 185 年）去世。因此，张良的晚年活动鲜为人知，以致被人蒙上一层神秘色彩。而张良死后究竟葬于何处，也成为千古之谜。

关于张良的墓地，人们曾有多种猜测。有人认为，张良墓地在今河

南省兰考县。兰考县城西南 6 公里的曹辛庄车站南侧，确有一座张良墓，高达 10 米，周围古柏环绕，郁郁葱葱，似有一定来历。又据传说，刘邦死后，吕氏专权，张良便托病隐居于东昏县（今河南兰考）西南的白云山，死后就葬于该地。后世的戏曲、小说也有相似描写，说张良纳还冠盖，辞朝学道，刘邦追至白云山，张良幻化而去，从此不知下落。可见这种看法是有依据的。

也有人认为，张良墓地在今徐州沛县。据唐代《括地志》记载："汉张良墓在徐州沛县东六十五里，与留城相近也。"又载："故留城在徐州沛县东南五十五里，今城内有张良庙也。"当初刘邦封侯，曾许诺让张良"自择齐三万户"。但张良以在留城与刘邦首次相见为理由，要求封给他留城。既然封地在留城，死后葬于留城附近，应属合情合理的事情。这一看法以唐代文献为依据，且与史实较接近，也有一定说服力。

还有人认为，张良墓地在今湖南张家界的青岩山。当地山水奇丽、林木清幽，是著名的风景区。据《仙释志》记载："张良，相传从赤松子游。有墓在青岩山，时隐时现。"《陵墓志》也记载："汉留侯张良墓，在青岩山。良得黄石公书后，从赤松子游。邑中天门、青岩各山，多存遗迹。"核以史实，张良确实曾在封侯之初，便向刘邦作了"愿弃人间事，欲从赤松子游"的表白。综合上述记载，说他晚年前往景色秀美的青岩山，隐居学道，死后即葬于该地，并不是不可能的。

霍去病为何英年早逝

提起霍去病，无人不知。古往今来，没有一个人在同样年龄就能有他的成就——17岁两出定襄、19岁三征河西、21岁纵横漠北，杀到匈奴胆寒，甚至影响西亚历史进程，年仅21岁就身居大司马高位。

然而，似乎历史总爱开令人扼腕的玩笑——上天赐给大汉朝这位千年难得的奇将后仅仅23年，就匆匆把他召唤了回去。天的那一头，或许他正率骠骑兵将，谈笑于烽烟战火中，却在不经意离开的瞬间，给中华历史留下了一段难以捉摸的谜案——他是如何离去的？

司马迁在《史记》中，对这位名将的葬礼记载得非常清楚，但对他的死因，却没有任何记载，仅仅是"骠骑将军自四年军后三年，元狩六年而卒"。这样一个风华正茂的将军去世，却没有提及死因。

那么霍去病的死，在当时有何影响？史记《匈奴列传》中有这样一段记载："初，汉两将军大出围单于，所杀虏八九万，而汉士卒物故亦数万，汉马死者十馀万。匈奴虽病，远去，而汉亦马少，无以复往。匈奴用赵信之计，遣使於汉，好辞请和亲。天子下其议，或言和亲，或言遂臣之。丞相长史任敞曰：'匈奴新破，困，宜可使为外臣，朝请於边。'汉使任敞於单于。单于闻敞计，大怒，留之不遣。先是汉亦有所降匈奴使者，单于亦辄留汉使相当。汉方复收士马，会骠骑将军去病死，於是汉久不北击胡。"

→ 霍去病塑像

这段记载说的是，从漠北大战后，双方损失惨重，汉朝兵士死数万，马匹则根本不够再战。双方在和谈中产生冲突，匈奴对汉朝的态度并不软弱，而是扣押了使者。武帝大怒，决定发动一场新的对匈战争，于是"汉方复收士马"，就是准备战略物资、兵马的意思。但就在这个时候，对匈战争中最重要的将军霍去病死了。然后这次极可能就此消灭匈奴的战争就在备战中途流产了。这时，离漠北大战已经很长时间。

所以，霍去病的英年早夭，关系到一个民族的历史存亡，甚至可以说是影响了历史发展的进程。

武帝在漠北大战后，封卫青、霍去病两人皆为大司马，其用意在于平衡卫青这边的势力——虽然卫青不养门客、不党不朋，但实际上霍去病得宠后，卫青这边不少人倒向霍去病。《史记》中特地记载了这么一笔"举大将军故人门下多去事骠骑，辄得官爵，唯任安不肯"，显然二者利益产生对立。

关于霍去病死因有以下几种说法：

第一种说法：自然病死或猝死。

病死之说，是最广为流传的、也是官方的说法。此说最早出自西汉时的褚少孙，他在《建元以来侯者年表》中有一段补记，借霍光之口说霍去病是病死，但没记载是什么病。这就让后世的猜测更玄乎。

霍去病年纪轻轻，武将出身，出征万里都没问题，何况一个小病。不过猝死的证据倒是有的——霍去病的儿子霍嬗也是年轻猝死。但这种可能性到底多大，谁也说不清楚，或许考古学能给我们答案。

第二种说法：得传染病或瘟疫而死。

瘟疫这一说的漏洞是明显的：若匈奴确实传播了瘟疫，当时军中将士肯定也难以幸免，不说大面积传染，但死的人肯定不在少数，军事史上哪次瘟疫事件死的人少了？

但史书上无论是《霍去病列传》，还是《匈奴列传》，为何找不到大面积死亡的相关记载？一起出征漠北的将军们也没有一个有得传染病而死的记录。如果发生了但没有记载，那就是司马迁的不对，但这不太可能。最重要的漏洞是：这类瘟疫潜伏期一般不会长，而霍去病是在漠北大战后两年才死去。这期间的时间差，用瘟疫一说显然很难解释清楚，可能性非常之低。

另一种说法：意外或被杀。

这种说法可能性更低，汉武帝一个儿子和熊打架被拍死都有记载，当朝大将军、大司马意外死亡或被杀，不可能一点历史证据或记录都没有——这可是国家大案！再说了，想谋杀大将军，也没那么容易吧？

综合以上几种死亡的说法，结论是只有一种可能——根本没有瘟疫一事，也不是意外被杀。至于真相，至今仍是未解之谜。

曹操不称帝之谜

"往事越千年，魏武挥鞭，东临碣石有遗篇。"曹操是毛泽东笔下的风流人物。看一下曹操的一生，不管怎么说，他是由不自觉到自觉地在一条通向帝王的道路上一步步前进着。如果说建安元年(公元196年)前，曹操在这方面的努力还只是一种不动声色的铺垫，那么从建安元年起，他就开始在这方面迈出了坚实有力的步伐。建安元年八月，曹操亲至洛阳朝见汉献帝。随即挟持汉献帝迁都许昌。将献帝变成了自己手中的一个傀儡和一张王牌，取得了"挟天子以令诸侯"的优势。献帝任命曹操为大将军，封武平侯，后来因为袁绍不满，曹操才将大将军的职位让给袁绍，自己改任司空，兼车骑将军，并从此开始主持朝政。

随着实力的增强，曹操对于朝政的控制也越来越严密，献帝的傀儡化程度也就越来越深了。

建安二十二年（公元217年）四月，献帝诏令曹操设置只有天子才可使用的旌旗，外出时像皇帝那样，左右严密警戒，不让行人通行。五月，曹操修建了诸侯有权享受的学宫泮宫。六月，曹操任命军师华歆为御史大夫。十月，献帝诏令曹操像天子那样头戴悬垂有十二根玉串的礼帽，乘坐专门的金银车，套六马。同时，封长子五官中郎将曹丕为魏国太子。

就这样，曹操完成了夺取帝位和世袭权力的所有准备，在通向帝王的道路上，几乎已经走到了终点。曹操不但早已在事实上控制了朝廷的一切大权，使自己成了一个实际上的皇帝，而且在形式上，他也同皇帝没有什么两样了。曹操唯一没到手的，只不过是一个皇帝的名号而已。

事实上，曹操的代汉意图早就昭然若揭，但至死他也没有迈出最后的一步。他要把这最后一步让给自己的儿子完成。曹操为什么自己不称帝呢？主要考虑到以下几个方面：

其一，孙权劝他称帝是从自己的利益出发的。首先，孙权认为这样做可以获得曹操的信任，从而实现吴、魏之间的和解，自己就可以专心对付蜀汉。襄樊之役中，孙权为了从刘备手中夺回荆州，从背后袭击关羽，帮了曹操的大忙，但却得罪了刘备。吴、蜀之间长达10年的联盟关系就此结束，这时他比什么时候都更需要缓和同曹魏的矛盾，否则会陷入腹背受敌的不利境地。其实，孙权认为曹操如果真的称帝，拥汉派将会强烈反对，曹操因此陷入困境，减轻对吴国的威胁。因此，孙权阳奉阴违，曹操看穿

← 曹操雕像

了孙权的意图，不肯轻易上当。

其二，从当时形势看，如果贸然称帝，确实会给政敌和拥汉派势力一个舆论上的借口，使自己在政治上陷入被动。综观曹操的一生，内部的反对和反叛大都发生在他被封为魏公、魏王之后，就是最好的证明。因此，继续维持献帝这块招牌，对于安抚拥汉派，巩固内部统治，仍有不可忽视的作用。

其三，至少从建安十五年（公元 210 年）起，曹操一再"自明本志"，说自己绝对没有代汉自立的意图，言辞恳切，说了差不多十年，现在如果突然改变主意，否定自己，对自己的声誉名节必然会造成不利影响，不如坚持把戏演下去。

其四，更重要的是，曹操是一个讲求实际的人，只要掌握了实权，虚名并不重要，"施于有政，是亦为政"一语，是他内心想法的真实写照。

此外，建安二十四年（公元 219 年）曹操已 65 岁，年纪大了，估计自己将不久于人世了，这也可能是他不愿称帝的一个原因。

总之，曹操不当皇帝，是从策略上全面权衡得失后所作出的决定，是一种周密而明智的谋虑。曹操自比"三分天下有其二"的周文王，是对自己的自我评定。

魏征死于何因

魏征是幸运的，因为他遇到了一个明君；魏征也是奇特的，屡逆龙鳞却能寿终正寝，实属罕见。

魏征之死，表明了一个时代的结束，也成为全身而退的最后典范。

魏征重病卧床，临终没有留下什么遗言，是内心有所顾忌，还是有难言之隐，不可得知，对于一个耿直一生的人来说，"人之将死，其言也善"只能言他。

受了魏征一辈子"委屈"的李世民，在魏征气息奄奄之际，一仍旧贯，待之深厚，不仅派使者专程探望，赐给药品，而且派专人住在他的家里，稍有动静，即刻禀报。这还不够，还与太子一道专门入第垂询，将衡山公主许配给他的儿子，结为亲家，这种待遇"前无古人，后无来者"。这还不够，又传出圣旨：九品以上官员都要赴丧，丧礼规格之高创历史纪录（即使房玄龄也只是"废朝三日"）！以一品官员的殉葬，让手持羽葆的仪仗队和乐队护送，并将其墓室安排在皇家陵苑——昭陵。虽然，这种做法被魏征的妻子严正地"拒绝"了，但是，这种用心足以感动天地。魏征出殡之时，太宗如丧考妣，登上苑西楼，痛哭流涕，亲自为他撰写碑文，刻在石上！过了一段时间，因为思念魏征，唐太宗还对自己的侍

↑　魏征塑像

臣说:"人以铜为镜,可以正衣冠;以古为镜,可以见兴替;以人为镜,可以知得失;魏徵没,朕亡一镜矣!"感人肺腑!

对于唐太宗而言,魏征并不是一个历史"清白"的人,他当过道士、做过李密手下的文学参军,却在李密失败后又劝黎阳守将徐世绩归降唐朝,曾是窦建德的俘虏,又是李建成的幕僚,还多次动员李建成要先发制人……

如此等等,任何一条都可将其治以死罪。然而,历史却开了一个玩笑:当李世民抓住魏征的时候,他说了一句:"如果李建成听我的话,事情就不会这样了。"或许李世民佩服他的从容镇定,或许开国之初不宜大开杀戒,或许魏征的为人早有耳闻,或许……我们可列举许多或许,就在那一刻,魏征的命运有了转机!

真是鲜有的一幕。

贞观年间,不乏良将贤相……然而,他们的命运截然不同。

曾经为唐王朝立下汗马功劳的李靖,每次征战得胜,都要遭到诋毁、排挤，李氏好似被蒙蔽了一般，听信谗言，还派出"专案组"对其调查，即使查无实据，也少不了数落、责备，逼得李靖不得不一次又一次递交"辞呈"。反观李世民对这些人的态度，匪夷所思。

魏征一生64年，跟随李世民20余年，阻止过李世民鱼水之欢、打消过李世民狩猎之虞、害死了李世民心爱的鹞子、看到懒于政事直言不讳写下了《谏太宗十思疏》……干了许多让李世民骑虎难下的尴尬的事，然而，李世民"听之任之"，究竟为何？

其实，在李世民的心里，对魏征的怨怼不是没有，他在遭受了魏征的一次又一次的"阻遏"之后，忍无可忍，放下了狠话："总有一天，我要杀掉这个乡巴佬（田舍翁）。"好在，长孙皇后知书达理，百般劝阻，才使他幸免于难。

但是，我想李世民绝不会就此罢休，因为有几点疑问成为了历史之谜：魏征究竟患了什么病，所有的史书讳莫如深，这是为何？面对李世民的厚意隆恩，为什么魏征在临死前连一声谢谢都没有说？是没有气力说，还是深知其中的奥妙懒得去说？李世民所赐之药，究竟是何药，为什么不说明白？因为我们看到历史的丑恶之中不只一次采用了同样的方式，让开疆之臣命赴黄泉……

魏征之死不明不白。

岳飞死因之谜

　　岳飞（公元 1103—1142 年），字鹏举，宋相州汤阴人，出身贫苦农民之家。联金灭辽时应募从军，曾在张所部任统制，并与王彦一起抗金。后随宗泽守东京，任都统。宗泽死后，他投身张浚部，并逐渐成为南宋重要的抗金将领，立下赫赫战功。建炎四年，收复建康（今江苏南京）。绍兴四年，大败刘豫齐军，收复襄阳等六郡，封清远军节度使，后封为武昌开国侯，联络两河义军，部署北伐。绍兴八年底，他反对高宗与秦桧的议和，并上表提出"金人不可信，和好不可恃"。绍兴十年，郾城一战，大败兀术统率的金兵主力，收复颖昌、郑州、洛阳等重镇。在抗击金兵的战斗中，岳飞率领的"岳家军"常常以一当十，勇往直前，声威大震，甚至金军中都流传着"撼山易，撼岳家军难"的感叹。可是，就在收复中原即将实现的大好形势下，宋高宗赵构却连发十二道金牌，下令收兵。岳飞挥泪含恨退兵，不久以"莫须有"的罪名和他的儿子岳云及部将张宪被毒死于"风波亭"。

　　直到孝宗即位，冤案平反，岳飞墓才迁至景色秀丽的栖霞岭下。岳飞墓前，铸有两个跪着的铁人，即当时南宋的宰相秦桧夫妇。几百年来，到此悼念岳飞的人们都要唾骂奸臣秦桧。岳飞为秦桧所害，这似乎已成为不容置疑的铁案。

但是，事实上杀害岳飞的元凶并不是秦桧，秦桧只不过是这个元凶手下的一个鹰犬！

第一，秦桧没有杀岳飞的权力。有人指出，当时秦桧虽然很受高宗的信任，但还没到摆布高宗地步，因此也不能为所欲为地恣意铲除异己。绍兴九年，秦桧正积极对金议和，枢密院编修官胡铨上书反对，并请求皇帝"斩秦桧之头挂诸街衢"。秦桧对此人恨之入骨，但也不敢任意杀害他。由此可知，对战功赫赫的岳飞，他更不可能擅自处置了。

第二年，金兵违背和议，一举攻占了河南地区。秦桧惶惶不可终日，生怕高宗因此迁怒于自己的议和政策。他此时惶恐不安，正是自保不足的时候，因此，他没胆子背着高宗杀害岳飞。需要说明的是，岳飞的狱案又称作"诏狱"，程序严密，外人无法插手。这样，即便秦桧权力再大，公开"矫诏"杀人也是不合情理的。

第二，秦桧及刑部主审岳飞一案，曾上书定岳飞、张宪死罪，但并没有定岳云死罪。可上书赵构后，岳云也没能幸免于难。由此可见生杀大权还是在高宗之手。

←
岳
飞
塑
像

第三，秦桧死后，赵构为秦桧制造的许多冤假错案平了反，但唯独对岳飞一案不肯昭雪，而且对许多大臣申请为岳飞平反的奏折不予理睬。

这一切都足以证

明，赵构才是杀害岳飞的元凶。

赵构出于什么原因要害死自己倚为军事支柱的岳飞呢？而且宋太祖赵匡胤曾传下秘密誓约，规定后世子孙"不得杀士大夫及上书言事人"，"子孙有逾此誓者，天必殛之"。在北宋历朝，这条誓约执行得非常严格，赵构为何敢违约破例？这在认为赵构是杀害岳飞元凶的学者中存在着争议。

有的学者认为"帝之忌兄，而不欲其归"。高宗眼见岳飞一心要"迎二圣"，而徽、钦两帝一旦回来，自己的皇位就不保了。他害怕中原光复，因而杀了岳飞。

另一部分学者则认为原因并不是"迎二圣"。赵构杀岳飞，主要原因是怕他在外久握重兵，跋扈难制，危及自己的统治，对武将的猜忌和防范，是赵宋王朝恪守不渝的家规。只要武将功大，官高而权重，就意味着对皇权构成威胁。岳飞个性刚强，"忠愤激烈，议论不挫于人"，不容易与人合作。绍兴七年（公元1137年），他上书奏请高宗立储："乞皇子出阁，以定臣心。"同年，他又因守母丧，未经高宗批准便自行解职，把兵权交给张宪。这两件事犯了高宗的大忌。再加上高宗曾在金营作人质，又有从扬州南渡等惊险经历，对金兵始终心存恐惧。对战争前景，他既怕全胜，又怕大败。胜则怕武将兵多，功高而权重，败则怕欲为临安布衣而不能。他想当个安安稳稳的太平皇帝，因此一心求和。所以，秦桧利用岳飞部下的告密来证明岳飞的跋扈，正好迎合了赵构害怕岳飞立盖世之功、挟震主之威的心理，加上岳飞又是反对和议最强烈的主战派，故而下令杀了岳飞。

郑和为何七次下西洋

郑和本姓马，小字三宝，云南昆阳人，出生于世代信奉伊斯兰教的回族家庭。郑和长相魁梧，博辩机智，"资貌才智，内侍中无与比者"，深得明成祖朱棣的信赖，是成祖的心腹。"郑和下西洋"的壮举使郑和成了家喻户晓的人物。从永乐三年（公元1405年）至宣德八年（公元1433年），他受明成祖的派遣，率领规模庞大的船队驰骋万里海域，先后七次下西洋。郑和航海规模之大，航程之远，所到国家之多，为历史所罕见。对于郑和下西

↑ 郑和下西洋的邮票

洋的目的，学术界有不同的看法。

有人认为，郑和下西洋是为寻找下落不明的建文帝。《明史·郑和传》载："成祖疑惠帝亡海外，欲踪迹之，且欲耀兵异域，示中国富强。"从中可知，《明史》的作者将到海外暗中侦察建文帝的踪迹看做是郑和下西洋的动机和目的；而沿途宣扬国威，向外示富，只是个辅助的方面。文中所说的惠帝即明成祖朱棣的侄儿建文帝朱允炆。建文帝刚坐上皇帝宝座时，由于各诸侯掌握兵权，而自己无实权，便想尽一切办法削弱他们的力量。燕王朱棣当时公开反叛，以"清君侧"为理由武力夺取皇位，号称"靖难"。靖难之役后，建文帝朱允炆便不知所终，这"活不见人，死不见尸"的建文帝始终是朱棣的一块心病。为了长治久安，防止建文帝东山再起，威胁自己的统治地位，朱棣便一次又一次地派遣郑和出使西洋，寻找建文帝的踪迹。这是《明史》的叙述。自此以后，编写历史的人大部分归因于此，连历史也按此说法。如范文澜的《中国通史简编》曾明确指出郑和下西洋是假，寻惠帝是真。

也有人认为，郑和下西洋是具有政治和经济的"双重目的"的。近人梁启超据"且欲耀兵异域，示中国富强"一语，在其《祖国大航海家——郑和传》中说明成祖野心勃勃，利用郑和下西洋扬名海外，其实只不过是"自我陶醉"罢了。李长傅的《中国殖民史》，称朱棣派遣郑和下西洋实为"炫耀自我"。

还有人说，郑和七下西洋，每次出航，明成祖交给他的任务都是不相同的。尚钺的《中国历史纲要》认为，15世纪，帖木儿帝国出现于中西亚，永乐二年（公元1404年）十一月，帖木儿带领千军万马侵犯明朝，但于永乐三年（公元1405年）二月亡于路上，所以同年六月成祖派郑和远渡重洋，可能是为了联络外邦共同对付帖木儿帝国，使它没有时间入犯。后六次则是为了开辟一条新航海路线，以便更容易与国外进行贸易。李光壁的《明朝史略》赞成郑和后六次的使命如尚钺所述，同时又指出郑和首次西下则带有扩大贸易、提高"威望"、联络印度等国的三重任务。郑鹤声、郑一均在《郑和下西洋简论》中认为，郑和前三次下西洋，其目的是同亚非 30 多个国家结盟，顺便打听朱允炆的下落，后四次则是为宣扬"国威"。

每派所述，都有一定道理，到底哪种说法才是当时明成祖派郑和西下的真正目的呢？这就不得而知了。

吴三桂降清了吗

明崇祯十七年（公元 1644 年）三月十九日，李自成率领的农民起义军攻陷了明朝统治下的北京，崇祯帝在煤山自缢，明山海关总兵吴三桂在增援途中闻讯后，仓皇逃回山海关。李自成亲率大军开赴山海关，想以武力逼降吴三桂，吴三桂非常害怕，便向清王朝求援。当李、吴两军在山海关前展开血战之时，清朝的精骑突然杀出，农民军毫无防备，惨败而归，从此一蹶不振。由于史书中的种种记载，史学界一直瞩目吴三桂引清军入关镇压农民起义这一事件，人们一直认为吴三桂此举便是投降了清王朝。但近年有人认为，吴三桂引清军入关并不是表明他投降了清王朝，并提出了种种证据。这一说法使似乎本已盖棺定论的问题重又成为历史谜团。

至少还有两点理由可以说明吴三桂投降了清朝：第一，清朝最高统治者视吴三桂为降将，如清摄政王多尔衮就把吴三桂作为部下来驱使，"命三桂兵各白布系肩为号"，"命三桂军先锋"，又"命吴三桂以步骑二万前驱追贼"。清廷为了奖励吴三桂在战争中的功劳，还"授三桂平西王勒印"（《圣武记》）。后来清帝剥除吴三桂爵位时，也把他称为降将："逆贼吴三桂穷蹙来归，我世祖章皇帝念其输诚投降，授之军旅。"（《清圣祖仁皇帝实录》）在清朝廷的眼中，吴三桂就是一个明朝降将。第二，吴三桂入关后的所作所为也表明他已真心降清，吴三桂打着为明王朝复仇的旗号引清入关，但是在南明政权的福王多次派人拉拢吴三桂时，吴三桂却断然拒绝。如当福王的侍郎左懋第"谒三桂，出银币且致福藩意"时，吴三桂说"时势如此，我何敢受赐，惟有闭门束甲以俟后命耳"（《明季稗史汇编》）。除了福王之外，还有几任南明王，吴三桂都不曾表示要协同反清复明，与此相反，他竟然亲自出兵缅甸追杀南明永历王。可以看出，不管当初引清兵入关时吴三桂是怎么想的，在清兵入关后，他就投降了清朝，此时，他已经不敢违抗清廷的命令，更不敢有任何反清复明的想法了。为了向清王朝表示他的忠心，他"破流贼，定陕，定川，定滇，取南明王于缅甸，又平水西土司安氏"（《圣武记》），俨然成为清廷平定天下的一把利刃。

否认吴三桂"降清"的人则认为，北京失守后，形成了三股较强的政治势力并存的局面，即吴三桂、农民军、清王朝。而夹在这两股势力中间的吴三桂势力最弱，因此他能走的路只有两条：要么抗清，要么镇压农民军，考虑到其父亲被农民军扣押、爱妾受辱，为报此仇，吴三桂选择了联合清王朝的道路，但这并不能说明他投

↑ 吴三桂画像

降清王朝。主要理由如下：

第一，吴三桂一贯抗清的态度决定了他不会轻易降清。在任辽东宁远总兵期间，吴三桂曾多次参加抗清斗争，甚至在明清松锦战役后，明军明显处于下风的情况下，他的态度仍很坚决。吴三桂对明朝降清的劝降函都"答书不从"。

第二，多尔衮在山海关战后加强了对吴三桂的控制可以证明吴三桂未降。史载，多尔衮在山海关之战胜利的当天，玩弄权术，封吴三桂为平西王，又将一万步兵交给吴三桂。这说明吴三桂受到了多尔衮的拉拢和控制。

第三，山海关战后发表的檄文证明其未降。清军与吴三桂乘胜追击，吴三桂提出了"周命未改，汉德可恩"、"试看赤县之归心，仍是朱家之正统"的口号，如果吴三桂已降，就不会发布这样的檄文，清廷也不会允许他这样做。

第四，山海关一役后，在攻陷北京前后，吴三桂欲立朱明太子的行动证明其未降。李自成败退永平，吴三桂提出"约自成回军，速离京城，吾将奉太子即位"，又"传帖至今，言义兵不日入城，凡我臣民为先帝服丧，整备迎候东宫"，可是"多尔衮命其西行追贼"的策略打乱了吴三桂的如意算盘。吴三桂因其势力太弱，只得听从了多尔衮。

第五，暗中积蓄实力以反清复明也可证明吴三桂未降。他一边广招贤才，暗布党羽，"阴养天下骁健，收忍荆楚奇才"，一边厉兵秣马，为将来的战争"殖货财"。他之所以没有实现反清复明的愿望，是因为清政治统治的日渐强大使"反清复明"的旗帜没有了号召力。而吴三桂是否降清这一历史问题已不能用后来的历史进程说明了。

郑成功猝死之谜

郑成功是中国历史上家喻户晓的民族英雄，他骁勇善战，令殖民者闻之丧胆。但郑成功就在台湾收复后不久便去世了，年仅38岁，正值壮年，却突然暴病而亡。仔细推敲其死因，就会发现有许多疑点。

关于郑成功的死，同时代人如李光地、林时对、夏琳等人的笔记都很简单，一般是说"伤风寒"、"感冒风寒"，但一个正值壮年的人怎会轻易地被"风寒"夺去生命？

根据郑成功临终前的异常情况和当时郑氏集团内部斗争的背景，有人认为郑成功是被人投毒杀死的，这一说法目前最引人注目。此说主要的依据有：

第一，郑成功死前的情状与中毒后毒性发作的症状极为相似。另外，夏琳《闽海纪闻》中记载，郑成功临终前都督洪秉诚调药以进，成功将药投之于地，然后成功"顿足抚膺，大呼而殂"。郑成功大概察觉出有人谋害自己，但为时已晚。

第二，郑氏集团内部暗藏着一些危险因素。生性暴烈的郑成功，用法严峻，郑氏部下，包括他的长辈亲族因过被处以极刑者很多，众将人心惶惶，其中很多人在清廷高官厚禄诱惑下叛逃，郑氏集团内部关系极其紧张。伍远贤所编《郑成功传说》一书中记述，清廷收买内奸刺杀郑成功，因此，如果说台湾岛上一直有人企图谋害郑成功，极有可能是以清廷作为背景。

第三，一个重大疑点是马信神秘地死去。马信是清降将，后来成为郑成功的亲信，郑成功去世当天，由他荐一医师投药一帖，夜里郑成功死去，他本人也突然无病而卒。照李光地的说法，马信在郑成功去世的第二天就死去，江日升《台湾外纪》中记载，其

↑ 郑成功雕像

死期距郑成功去世仅仅 5 天。因此马信可能直接参与谋害郑成功的活动，但后来又被人杀害以灭口。

那么，这起谋杀案的主谋究竟是谁呢？人们把怀疑的目光投到了郑成功兄弟辈的郑泰、郑鸣骏、郑袭等人的身上，特别是郑泰。郑泰长期操纵郑氏集团的东西洋贸易，掌握财政大权，对郑成功早存异心，对郑成功出兵收复台湾曾极力反对。复台初期的郑氏政权财政面临困境，郑泰却暗地里在日本存银 30 多万以备他用。等到郑成功去世，郑泰等人迫不及待地伪造郑成功的遗命对郑经诛讨，并抬出有野心但无才干的郑袭来承兄续统。最后，他们的阴谋被郑经挫败，郑泰入狱而死，郑鸣骏等率部众携亲眷投清，据此分析，策划谋害郑成功的很可能就是郑泰等人。他们早存夺权之心，还可能和清廷有勾结。他们乘郑成功患感冒的

时候开始实施他们的计划。夏琳和江日升的记载中说，郑成功病情开始并不严重，常常登台观望、看书，有时还饮酒，甚至拒绝服药。他们极可能在酒中下毒，但这期间饮酒较少，因此七八天毒性才发作。最后他们又在医生开的凉剂中下毒，郑成功终于被毒死。郑成功死后，郑经先是忙于对付郑泰的叛乱，后发现郑泰在日本银行的巨款，又集中注意力追回这笔款子。他本人又因犯奸险些被郑成功杀死，对郑成功之死也许心存侥幸，因此郑成功的死因在当时没有被深究。海天茫茫，也许这永远是个解不开的谜了。

年羹尧死于何因

年羹尧，字亮工，康熙三十九年（公元1692年）进士。为人聪敏，豁达，娴辞令，善墨翰，办事能力亦极强。后受到雍亲王的重用，各皇储争夺皇位时，他利用自己的精明才干，时时向主子出谋献策，奔波游说，深受青睐。更使主子高兴的是，年氏将自己的亲妹妹献给了他，以示忠诚。那时，主仆二人曾发誓，死生不相背负，从此交情更加深厚。君有情，臣有意，再加上年氏的才能，官阶越升越高，不到10年即升为四川巡抚，接着，又升为川陕总督，独掌军政大权，成为雍正心腹。

年氏受到雍正的宠幸是在雍正二年（公元1724年）十月来京陛见以前，具体地说，在七月中旬以前，即平定西海叛乱以后。年氏手握重权，荣立青海大功，君臣之间，无猜无疑，如雍正所谓"千古君臣知遇榜样"。但七月中旬后，尤其是陛见抵署以后，即十二月初，雍正使出浑身解数开始置年氏于死地。雍正为什么转变得这么快？年氏的死因究竟是如何呢？

有人认为年羹尧的死与雍正帝夺嫡有关。学者孟森的《清代史》、王钟翰的《清世宗夺嫡考实》等持此说。据说康熙帝临终时指定十四子胤禵嗣位。四子胤禛串通年羹尧、鄂尔泰、隆科多矫诏篡位。其时，

↑ 年羹尧画像

十四子胤禵在四川为抚远大将军，原可挥兵争位，然受制于川督年羹尧，遂无能为力。胤禛即位后，改元雍正，为酬报年羹尧拥立之功，大加恩赏，然而这不过是灌"迷汤"，雍正帝实已对这些知情者存有杀心，最终还是找借口除掉了他。

有些人不同意此说。他们认为雍正初年年羹尧受宠，并非是雍正帝为他灌"迷汤"，而是皇帝对他效忠辅弼的奖励。雍正帝继位之时，年羹尧尚在四川平乱，并未参与其间，所以不可能知情，故上说不能成立。《清史稿》、《清代七百名人传》等作者，都认为年羹尧是恃功自傲而致被杀。《清史稿》载："羹尧才气凌厉，恃上眷遇，师出屡有功，骄傲……入觐，令总督李维钧、巡抚范时捷跪道送迎……公卿跪接于广宁门处，年（羹尧）策马过，毫不动容；王公有下马问候者，年颔之而已。世宗前，亦箕坐无人臣礼。"《清代轶闻》作者说"年挟拥戴功，骄益盛"，且年羹尧残暴对待部下，任人唯亲，乱劾贤吏，引起公愤，也为雍正帝所不容，故被杀。

年羹尧成败之速，异于寻常，对于其死因的种种说法，人们到现在还是难辨真假，难怪被史学家列为"雍正八案"的首案。

和珅为何受宠

　　清以来，明君屈指可数，乾隆帝是其中较为突出的一个。但令人奇怪的是，在这样一个贤君身边，竟时刻跟随着一个奸臣，这个奸臣就是和珅，民间有"和珅扳倒，嘉庆吃饱"一说。然而为什么这样的奸臣会受到乾隆的无比宠幸呢？

　　有人认为，是因为和珅善于揣摩乾隆的心思。有名的"乾隆下江南"就是和珅鼓动而成的。一次，主仆二人说起江南秀丽风光，繁华都市，乾隆帝道："朕也想重游江南，但顾虑南北迢遥，劳民伤财，朕所以未决。"

↑　和珅画像

和珅道："圣祖皇帝六次南巡，非但未招致民怨，反而被颂为圣君。古来圣君，莫如尧舜，《尚书·舜典上》也说'五载一巡狩'，可见自古巡览就是胜典。但凡圣君，道本相似，何况国库殷实，金银充足，区区巡游不会耗费多少库银。"和珅这一席话，正好逢迎了皇上仿效先祖、学尧舜的喜好，乾隆遂降旨预备南巡。和珅亲自为皇上监督龙舟等南巡的设施，华丽奢侈之极，库银由和珅流水般地挥霍掉了。和珅也因此更加得到皇上的宠信，被升为侍郎。

这种观点认为，和珅论文论武，都没有什么才能，但因为他善玩心理战术，逢迎皇上，才受皇上的恩宠。乾隆五十五年（公元1790年），有个叫尹壮图的官员向皇上呈奏，各省库金银亏空。和珅对其怀恨在心，上奏请皇上命尹壮图再去查实，暗中派了自己的亲信前往。结果尹壮图被降职，原因是所奏不实，和珅更得宠信。官库虽然空虚，但和珅却以各种名目进行搜刮，所以皇帝不愁没银子花，而和珅也更加受宠。

然而，关于和珅受宠的原因，还有另外一种说法，据记载，在乾隆帝还是宝亲王的时候，曾钟情于马佳氏，而这马佳氏正是雍正皇帝宠爱的妃子。宝亲王时年17岁，情窦已开，常在没人的时候和马佳氏调笑。一天，不知为何，马佳氏误撞到宝亲王的眉际，被皇后钮祜禄氏看见，以马佳氏调戏皇子为名，下令将马佳氏牵到月华门勒死。宝亲王听后，流着泪到月华门前，此时的马佳氏已奄奄一息，宝亲王便放声哭道："我害了你。"便咬破自己的指头，滴一点血在妃子的颈上，说："我今生无力救你，来生以红痣相认。"话至此，马佳氏淌了两行眼泪便魂归西天。宝亲王又仔细端详了马佳氏的脸面，吩咐用上好的棺木盛殓，并买通宫女把马佳氏贴身的衬衣脱下来，日日同眠。他登基后，这件事渐渐淡忘了。而和珅酷似马佳氏，那颈上也有一颗鲜红的血痣。因此，和珅被乾隆认为是马佳氏转世，开始受到万千宠爱。御书房是他和皇上同榻而眠的场所。和珅做出百般娇媚的样子，使皇帝更加相信他就是第二个马佳氏。

而且，据考证，和珅所居住的恭王府中有一条地道可直接通往皇宫，据说和珅每次就是通过这条地道，直接到达宫中与皇帝幽会的。

事实的真相究竟如何？和珅到底由于何种原因受到宠信？这些君臣之间的故事只能留给后人评说了。

曾国藩为何拒不称帝

曾国藩在太平天国运动威胁清王朝统治时，通过组建湘军，掌握地方大权，到公元1863年湘军攻下南京后，曾国藩已经控制了整个统治集团，就军事实力而言，他比清政府已经超出了很多，若曾国藩振臂一呼，从满朝人的手中夺回统治权，应当说并不困难，但他没有这么做。曾国藩为何拒不称帝？一般归结为三点原因：忠君报国思想、条件不成熟和为了统一。

其一，曾国藩满脑子的忠君报国思想，深受晚清理

↑ 曾国藩画像

学大师唐鉴的影响。他起兵就是为了保卫地主阶级利益，保卫清朝，保卫儒教。他的个人追求就是做个中兴名臣、封侯拜相，以明光宗耀祖。

其二，曾国藩即使想当皇帝，时势也不允许他这么做。当时清政府虽衰落，但科尔沁亲王僧格林沁拥有一支强大的以骑兵为主的军队。而且湘军攻陷天京后，人心思归，战斗力锐减。最关键的一条，湘军起兵是以"保卫儒教"和"忠君保国"为号召，一旦曾国藩称帝，很可能湘军要成为众矢之的。再说，也没有所谓"友邦"的帮助，曾国藩称帝未必能得到国际承认。

其三，曾国藩真称帝的话，势必会引起社会动荡，各地又要出现割据的局面，天下统一的局面就要被打破了。因而从客观上说，曾国藩拒不称帝也是一件好事。

康有为猝死之谜

康有为（公元 1858 年—1927 年），原名祖诒，字广厦，号长素，又号更生，广东东海人，幼年失去双亲，受教于祖父。公元 1888 年到北京应试，向光绪皇帝上"万言书"，未能上达。公元 1891 年在广州设立万木草堂，开始讲学，著名弟子有陈千秋、梁启超、麦孟华等，刊出第一部作品《新学伪经考》。公元 1893 年中举人，公元 1895 年春偕梁启超等人入京会试，适逢清廷与日本媾和，即将签订《马关条约》。

↑ 康有为像

康有为与梁启超联合各省在京会试的 1300 多名举人上书要求拒签和约，迁都抗战，变法图强，史称"公车上书"。同年中进士，授工部主事，但康有为并未到任，而是在京组织强学会，创办《万国公报》(后改为《中外纪闻》)。后又在上海设立强学会，推动全国各地组织学会，设立学堂、报馆，鼓吹变法维新。次年回到广州，在万木草堂继续讲学，写成《孔子改制考》。公元1898年在北京成立保国会，在翁同龢等人的保举下，受到光绪皇帝召见，促成百日维新。9月，西太后发动宫廷政变，囚禁光绪皇帝，逮捕维新派，杀害谭嗣同等"六君子"，康有为被迫逃亡日本。在日本，康有为组织保皇派，反对孙中山领导的民主革命。辛亥革命爆发后，康有为从日本回国，在上海创办了《不忍》杂志，鼓吹复辟帝制，被门徒拥戴为孔教会会长。1917年与张勋策划复辟，受命为弼德院副院长。复辟失败后，躲进美驻华使馆。

1927年3月18日，为躲避北伐军，康有为带领全家从上海乘船赴青岛，住进了他先前已在青岛购买的"天游园"别墅。

1927年3月29日，康有为应邀来到青岛中山路的粤菜馆英记酒楼参加同乡宴，后因腹痛而提前退席。据康有为的同乡、弟子、前清朝举人吕振文和康有为的外甥李云光对康有为的有关记载：饭后，康有为意犹未尽喝了一杯橙汁，不久，康有为便腹痛难忍归家。夜间，呕吐不止，先后请了两位医生前来就诊，其中一位日本医生诊断其为食物中毒。30日，康有为以为毒已清除，晚间还观看了天象。31日凌晨2时，康有为突然对身边的人说道："中国我无立锥之地了，但我是不能死在外国的。"31日5时，康有为"七窍出血而死"，时年69岁。

那么，康有为究竟是因何而死的呢？

对于康有为的死因，过去一直存在一些不同说法。如康有为的女儿康同璧认为，其父是"被人在食物中投毒而导致死亡"，而投毒者是国民党特务。还有一种说法则是慈禧太后生前所遣杀手下的毒。据说戊戌变法失败后，慈禧太后曾派了 4 个刺客来刺杀康有为。1904 年，慈禧太后七十大寿时，曾下诏赦免一批戊戌获罪人员，但康、梁二人均不在赦免之列。第三种说法是说日本人下的毒。以上三种说法均无实据可查。康有为的另一女儿康同环则在《先父的墓碑》一文中写道："康有为卒前挣扎痛苦，七窍都有血渍，当然是中毒的现象。不过所谓食物中毒，可能是英记酒楼的食品不洁所致，未必是因为政治斗争而牺牲的。"

还有一种说法更为离奇。据台湾一位老报人回忆，康有为是误信了移植类人猿的睾丸可以使人返老还童的谣传，请德国医生将一只年轻公猿的睾丸移植到自己身上，结果丧命……其实以上说法都缺少可靠的依据。

近几年，青岛的文史专家姜茂森、王铎等人广泛搜集有关资料，并采访了一些当事人及其子女，得出康有为系被日本人毒死的结论。

王铎从事康有为的专题研究已有 20 多年。1995 年，他专门采访了当年曾跟康有为在一起的康的弟子、同乡吕振文的儿子，向他求证康有为的死因。据吕振文的儿子介绍，康有为确实是被日本人毒死的。1927 年 3 月 31 日凌晨，康有为七窍流血，不久就死在了门生李微尘的怀中。

更奇怪的是，他死后才 3 天，他的 3 岁幼女康同令亦夭殇。几十年后，吕振文曾亲口对儿子说，他是从日本天皇身边的人那里得知日本人下毒这一确切消息的。（吕振文于 1938 年变节当了汉奸）因为康有为始终不同意溥仪跟着日本人走，曾一度与溥仪一起和日本人对着干，所以日本人对康有为怀恨在心，要置他于死地。

第四种说法是康有为死于食物中毒。根据现代医学最新研究发现，海鲜含有比较丰富的蛋白质和钙等营养物质，而橙汁中含有大量的维生素 C，如果二者同食，人体内就会产生砷，就是人们常说的砒霜，引起中毒。虽然现在已经无法查到康有为当天晚宴的菜单，但可以肯定鲁菜和粤菜都是以制作海产品著称，所以推测当天他所吃的那顿饭里一定有海产品。虽然当年也有医生诊断说康有为之死的原因是食物中毒，但是并不为大家所接受。这会不会是康有为之死的真正原因呢？那么，康有为究竟是怎么死的，看来还有待时日需要进一步的研究和考证，现在可能仍无法一言定之。

袁世凯为何猝死

　　1916 年 6 月 6 日，窃国大盗袁世凯在亿万民众的声讨中魂归西天。在互相庆贺的同时，人们也不免产生疑问，是什么原因造成了这个窃国大盗的猝死呢？有人认为他是病死的，有的认为他是被气死的，而在这两种说法中又衍生出多种猜测。一种说法称袁世凯患尿毒症，前列腺肿胀。在医疗方案上，袁世凯的两个儿子意见分歧，大儿子袁克定相信西医，主张动手术；二儿子袁克文则竭力反对，相持不下，贻误时机，终致不治。

　　与此相近，则有袁世凯患病后不肯服药而死之说。当年袁世凯在彰德修养时，有术士给他算命，称"袁不得过五十八岁"。袁世凯问："有何禳解否？"士曰："此事甚难，非得龙袍加身不可。"袁世凯听后没说什么，赐酒给术士，术士出门后就死了，大家都猜测是袁世凯害死了术士灭口，从此，袁世凯便有了称帝之心。1915 年称帝后却事事不顺，众叛亲离。袁世凯于是积忧成疾，昏迷之中，总看见术士来索命。有人服侍他吃药，他总是不吃，因为药汤很像当年他给术士喝的毒药，他周围亲近的都知道原因，但都不敢和大家说，最后改用针灸治疗，但也没能保住他的性命。

　　"气死说"论者则认为袁世凯是因帝制失败，众叛亲离而气愤而死的。有人说："袁世凯以称帝不成，中外环迫，羞愧、愤怒、怨恨、忧虑之心理循生迭起，不能自持。""盗国殃民，丧权乱法，在中国为第一元凶，在人类为特别祸首，其致死固宜，益以年老神昏、兵亡将变、人心怨怼、体面无存，袁氏心非木石，顾后思前，能不自疚，此即袁氏死之真相因也。"

对袁世凯本人来说，始终没有向后人交代他为何人所气而难以治愈。这个窃国大盗在咽气前，只是有气无力地说："是他害了我！"但这句话所指的是谁，仍不清楚，其用意和含义更是令人费解，也给后世留下了千古之谜。

← 袁世凯画像

Part 2

战争谜团

长平之战赵军惨败之谜

秦王在公元前261年4月，派大将王龁率兵攻打上党郡。上党赵军抵挡不住，便退守长平（今山西省高平县西北）。赵王忙派老将廉颇去长平迎敌。深知秦军厉害的赵军统帅廉颇，立即改变策略，全线撤退，改用守势，凭借有利地形，筑起营垒坚守。秦军多次挑战，赵军始终坚守不出，企图以逸待劳，疲惫秦军。

↑ 明人绘的白起画像

秦军久攻不下，又远离国土作战，战局反而开始对秦军不利。秦将王龁一看廉颇用兵谨慎，老谋深算，便采纳偏将王陵所献的计策，截断秦赵两军共用的杨谷涧水。王龁认为：这样一来，涧水不东流，赵军就没有取水之处，不过数日赵军就会不战自乱，趁乱击之，一定会大获全胜。没想到廉颇早有提防，营内早储备了充足的饮水。结果，秦赵两军对峙了4个月，秦军虽然强悍，却不能取得决定性的胜利，战争进入僵持阶段。

赵王见廉颇初战无功，反而损失了不少人马，就屡次派人加以责备。这时，秦相范雎见有隙可乘，便建议秦王对赵王施用反间计。他派人用黄金收买赵孝成王身边的近臣，让他们向赵王散布流言说："秦军最怕的乃是马服君赵奢之子赵括，廉颇老朽无能，极易对付，不久就要投降了！"赵王对廉颇只守不战，白白耗费大量钱粮的战略，早已不满，听了流言，信以为真，就任命赵括为大将替代廉颇。

赵括是赵国名将赵奢的儿子，自幼熟读兵法，是个"纸上谈兵"的"名将"，谈起军事来头头是道，连他父亲赵奢都辩驳不过他。赵括的母亲听说赵括即将替代廉颇统领40万赵军的消息后，深知此事非同小可，亲自劝赵孝成王千万不要用她那个缺乏实际历练的儿子当大将。丞相蔺相如也指出："赵括只会熟读他父亲的兵书，不知融通变化。"但赵孝成王一意孤行，还是任命赵括为赵军统帅。

秦王听说赵括已受命为赵军统帅，大喜，秘密换上名将白起去担任秦军主帅并严令军中，凡泄露白起为将者一律斩首。

赵括却还蒙在鼓里，他到达前线后，立即改变廉颇的部署，下令大规模出击。公元前260年8月，赵括率领赵军向秦军大举进攻。白起引赵军深入。赵括果然中计，率领赵军主力离开大本营，进入了秦军的口袋阵。诈败的秦军退到预设的营垒中就坚守不出。同时，白起派出两支军队直捣赵军后方，断其归路，又派五千骑兵猛攻赵军，将其分割包围起来。白起深知赵军善战，不宜强攻，就下令秦军围而不击。出击的赵军粮道被断绝，只得坚守待援。

到了9月，赵军已断粮46天，出现了自相残杀而食的惨况。在粮尽箭绝、求救无援的情况下，无奈的赵括只得将赵军分为四队，轮番突击，但仍然没能突出重围。绝望之下，赵括亲率精兵奋力突围，结果被秦军乱箭射死。失去了主将的赵军，顿时大乱，40万大军顷刻瓦解，全部投降秦军。

秦赵长平大战，是中国古代史上一次规模巨大的战争。关于这场决定历史命运的大战，史学家司马迁是这样记载的，在长平山谷中，秦国曾经投入了60万左右的兵力。2000多年前，以当时的条件，作战双方动员近百万的军队连续作战达2年之久！对于一支规模庞大的军队来说，粮草和武器装备的消耗是惊人的，尤其是远离国土作战的60万秦国军队，长平离秦国的都城咸阳有将近500公里远。对秦军的后勤供应几乎是一个不可能完成的任务！这是一个令今天的军事专家们迷惑不解的地方。2000多年前，秦国的人口总数也不过500万而已，60万秦军的后勤保障是怎样实现的呢？以至于后人对于秦赵长平之战中双方作战的规模，持相当怀疑的态度。

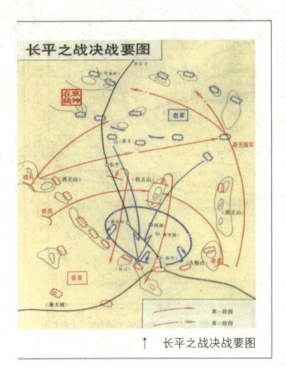

↑ 长平之战决战要图

庞涓参加马陵之战了吗

马陵之战是历史上一次著名的战役。众所周知，孙膑在这次战役中杀死了庞涓，司马迁在《史记·孙子吴起列传》中记载了这次战役。魏国与赵国联合在公元前 343 年末进攻韩国。韩国向齐国求救。第二年，齐魏王为救韩国而派大将田忌、军师孙膑，发兵攻打魏

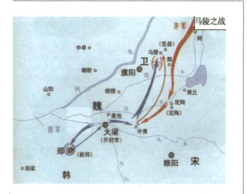

↑ 马陵之战形势图

国。这场战争中，将军庞涓是魏国军队的指挥。他看到齐军援兵来到，便放下韩国转而攻打齐军。齐军军师孙膑献上一条妙计，让士兵装出一副害怕的样子，并且让军队一天接一天后退，第一天的行军营地有 10 万个灶，第二天减为 5 万个灶，第三天再减为 3 万个灶，这就是著名的行军灶之计。3 日后，庞涓行军到此看到这个情景，喜出望外，放弃步兵，率领其精锐骑兵日夜兼程来追齐军。孙膑在马陵设下埋伏，马陵地势极为险峻，道路颇窄。孙膑在一棵砍去树枝的大树上写上："庞涓死于此树

之下"8个大字,并在树的周围设下埋伏圈。果然,庞涓率领魏军在当晚追到马陵地区,想点火看看这树上究竟写了什么文字。庞涓还没有读完树上的字,周围隐蔽的齐军便已万箭齐发,魏军顿时乱成一团。庞涓在走投无路的情况下,拔剑自刎,齐军趁此机会大败魏军。从司马迁的这段记载来看,庞涓是指挥过马陵之战的,但在历史上还有另一种说法。

1972年,在山东临沂银雀山出土的汉简《孙膑兵法》中的《擒庞涓》一篇这样记载:魏军大将庞涓在公元前353年,也就是马陵之战前11年的桂陵之战中,被齐军活捉。当时魏国攻打赵国国都邯郸,派将军庞涓带8万兵马出击。齐国也派将军田忌、军师孙膑领8万兵马去援助赵国。孙膑派"不识事"的齐城、高唐二人先攻打守备森严、"人众甲兵盛"的平陵以迷惑魏军。结果齐国这两个大夫未进入平陵攻战,在路上就遭到了魏军侵袭,齐军大败。魏国开始骄傲轻敌,不把齐国放在眼里。接着,孙膑为了"以怒其气",派遣轻战车到魏都大梁的郊外,让极少的士卒分散跟随在战车之后,显出一副兵少将寡的样子。正在全力攻赵的魏军统帅庞涓得知这个情况,并不知是骗局,转而率领精兵强将日夜兼程回到大梁与齐军进行决战。于是孙膑故意施计,追击到桂陵,生擒庞涓。《孙膑兵法》为孙膑弟子所写,它十分清楚地记载了孙膑在桂陵之战中生擒庞涓的事,应该说可信度也是很高的。既然在桂陵之战中齐军已经俘虏了庞涓,他怎么还能在马陵之战中再指挥魏军作战呢?如果说庞涓在桂陵之战时已经中了孙膑伏兵狙击之计,他怎么会不吸取教训,在马陵之战时再次受骗呢?

但司马迁在《史记》中多次提到马陵之战的魏将是庞涓。如《魏世家》中说,当时魏军任庞涓为将,太子申为上将军。结果,魏在马陵失利,齐国擒住太子申,杀了庞涓。再如《田敬仲完世家》中说,这次战役齐国救韩、赵来打击魏，使魏军大败于马陵，虏太子申，杀大将庞涓。再如《六国年表·魏》在马陵之战的当年记载："齐虏我太子申，杀将军庞涓。"

考察以上两种说法，关键就是庞涓在桂陵之战与马陵之战之间的经历，在这一段时间内，他是否被释放回魏国并重新担任将领？于是有的学

↑ 庞涓塑像

者认为，桂陵之战，庞涓落入齐军之手，但不久后就被放出来了，又一次担任马陵之战中的将领，和孙膑再次交战。《水经·淮水注》引《竹书纪年》中的记载说，在桂陵之战的第二年，魏惠王调用韩国军队，在襄陵打败了齐、宋、卫三国联军，齐国见局势危急，就传楚将景舍在中间调和，也就在这个时候，庞涓被释放。

但《水经注》中毕竟只是转引其他书籍中的记载，其真实性如何，魏军将领庞涓是不是被俘而又释，是不是再次东山再起，参加了马陵之战，至今仍无法确定。

楚汉争霸在何处决战

　　楚汉战争进行到公元前 203 年，楚强汉弱的形势已经彻底改变了。刘邦后方稳固，兵强马壮；而项羽却三面受敌，粮草不继，战略形势明显处于劣势。项羽没有办法，只能与汉王讲和，约定以鸿沟为界，双方相安共处。但是，刘邦在张良、陈平等人的劝说下，很快背弃和约，向楚军进军，双方在垓下进行了惨烈的决战。这次战役汉军大获全胜，而楚军近 10 万精锐部队全军覆没，一度叱咤风云的西楚霸王项羽，也走向了穷途末路，自刎乌江。垓下之役是楚汉战争的最重要的一次大决战，是刘邦奠定霸业的关键性的一仗。

　　然而，楚汉战争至关重要的地点垓下的详细地点到底在何处，历来争议很大。目前史学界对垓下有两种截然不同的说法：著名史学家范文澜认为垓下为今天的鹿邑，他在《中国通史简编》写道："垓下在河南省鹿邑县境。"这一观点的根据是唐朝张守节《史记正义》的记载："高岗绝岩，今犹高三四丈，其聚邑及堤，在垓之侧，因取名焉。今在亳州真源县东十里，与老君庙相接。"范文澜这样分析，唐朝的真源县是秦汉时的苦县，故城在今河南鹿邑县，老君庙即今天鹿邑城东的太清宫，所以垓下在今天的鹿邑。

然而，史学泰斗郭沫若认为垓下应该是灵璧，他在《中国史稿》这样写："垓下在安徽省灵璧县南、沱河北岸。"郭老的观点是根据下列史书记载的，《汉书·地理志》沛郡渡侯国这样注释："垓下，高祖破项羽处"。《水经注·淮水篇》记载："洨水东南流，经洨县故城北，县有垓下聚，汉高祖破项羽所在也。"唐《元和郡县图志·河南道五》也记载："垓下聚，在县西南五十四里，汉高祖围项羽于垓下，大破之，即此地也。"这种观点是最传统的说法，绝大多数学者都支持这一观点。

然而，根据陈可畏先生最新的研究，上述两种说法均不能成立。陈可畏推断垓下应该是陈县（即今河南淮阳县）。他首先指出探究垓下的一条重要信息，即在楚汉之争中，项羽被围垓下之前与刘邦发生的一场固陵之战（固陵在河南省淮阳、太康、鹿邑县境内）。

刘邦与项羽以鸿沟为界平分天下之后，刘邦的军事实力逐渐强大。后来刘邦采用张良的建议背弃和约，于公元前202年10月率军渡过鸿沟进击项羽。刘邦追杀项羽的部队到阳夏（太康）以南，并约定与大将韩信、彭越等人相会，在固陵一带消灭项羽。但是，刘邦率军到固陵后，韩信、彭越的军队却没有按期到达，致使刘邦兵败又被项羽追杀。刘邦率众退守固陵，在固陵城周围坚壁不战，使得楚汉两军在固陵城一带形成暂时的对峙局面。固陵战场方圆百里，运师数10万，楚军在固陵城附近阻击汉军，以防汉军东进或南下。刘邦被困固陵，危急中以裂土封王为代价，封韩信为齐王，封彭越为魏王，以换取韩信、彭越等及时出兵。

公元前202年12月，韩信、彭越等部约40万人分别从齐、梁等地出发夹击项羽。刘邦也在固陵开始反击。同时汉将灌婴也率部从彭城西进，参与了这场决定楚汉成败的固陵之战。项羽的军队被汉军以10倍之师层层包围在垓下达3个月之久。项羽被汉军重重围困，兵少粮缺，陷于困境，楚军军心大乱。刘邦等人见时机成熟，深夜用楚歌瓦解楚军军心。这样，才引出了项羽悲壮的"霸王别姬"。后来项羽率800随从突出重围，连夜逃亡，于凌晨到达乌江一带（今安徽和县东北）。然而，项羽自叹无颜见江东父老，自刎身死。

陈可畏认为，根据《史记》《汉书》记载，固陵之战以后，汉王退保固陵县城，深堑拒守。其时楚军集结在附近进行阻击，以防止汉军继续东进或南下。而至垓下之围前，史书并没有项羽从固陵附近败走的记录，也没有汉王从固陵追击至垓下的记载，那就是说，垓下应距固陵县城不远，否则两军无法交战。而垓下如在今安徽灵璧的话，相隔200多千米，楚军根本无法阻止汉军东进。况且，灵璧一带，自古是平川，县东南是古蕲水、古波水、澳水、沱水、唐水的五河河网地带，既不能攻，又不能守，根本不适合兵团作战。

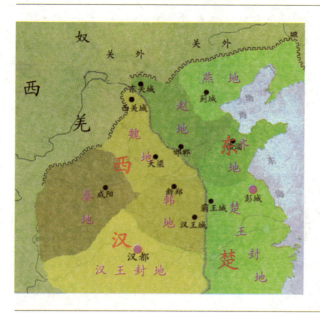

← 楚汉争霸形势图

项羽为何不肯过江东

"生当作人杰，死亦为鬼雄。至今思项羽，不肯过江东。"这是著名女词人李清照的名作。项羽是秦末农民起义军的领袖，为人刚愎自用，独断专行，因而在楚汉之争中落败，最终落得个自刎乌江的下场。项羽为何不渡乌江呢？2000多年来，人们有种种说法。

有一种观点认为，西楚霸王不过江东，是因为虞姬已死。

项羽的死与虞姬的死有必然联系吗？有学者就认为项羽因"虞姬死而子弟散"心生羞愧，因而不肯过江，拔剑自刎。这样说很有道理，单纯说项羽不肯过江东是因为虞姬之死就显得论据不足。而这与《史记》上说的"项王笑曰：'天之亡我，我以何渡为！且籍与江东子弟为八千人渡江而西，今天一人还，纵江东父兄怜而王我，我何面目见之？纵彼不言，籍独不愧于心乎？'"这段话一致。"子弟散"，一方面符合他

↑ 项羽画像

说的"天之亡我"，一方面也是"无颜见江东父老"的原因。项羽即便过江，败局已定。因而，他选择了不渡乌江。

但有的学者提出，自固陵战败后，项羽连连败退，退到垓下，垓下突围又逃往东南，一直逃至乌江边。由此可见，他早有退守江东之意，并且是一路逃奔。如果说项羽因失败使江东八千子弟葬送性命而愧对江东父老的话，垓下被围时，"虞姬死而子弟散"，他就应羞愧自杀。渡淮之后从骑仅百余人，至阴陵又迷了路，问一农夫，结果被骗，身陷大泽，被汉军追上。如此狼狈的境遇他也没有羞愧自杀呢！逃至东城，汉骑将之包围数重。尽管他"自度不得脱"，但还是把仅剩的二十八骑组织起来作了一番拼杀，又"亡其两骑"。这时候项羽仍"欲东渡乌江"。因而认为他好不容易逃到乌江岸边时却反而感到羞见江东父老而自杀似乎有些说不通。项羽的羞愧之心来得太突然，也不合情理，很可能是司马迁为使情节完整而下笔渲染的情节。

有人认为项羽不渡乌江是出于一种高贵的品质，是从早日消除人民的战争苦难方面考虑的。他们认为项羽认识到了长期内战使人民痛苦不堪，希望这场战争尽早结束。项羽确实曾有结束战争的愿望，也曾想过通过他与刘邦的个人决斗来将战争结束，他觉察到"楚国久相持不决"，"丁壮苦军旅，老弱罢鞍漕"，所以对刘邦说："天下匈奴长岁者，徒以吾两人耳，愿与汉王挑战决雌雄，毋徒苦天下之民父子为也。"最后他甚至不惜违背自己个性，想要牺牲自己的利益通过和谈换取刘邦的让步，以鸿沟为分界。但是刘邦却违约出兵追杀楚军。当项羽失利并且认识到自己无法立即消灭刘邦而又无法和谈的情况下，项羽只有牺牲自己以结束数年的残杀。据说，项羽当时还是有可能与刘邦抗衡的。

项羽为何乌江不渡？2000多年来，无论是文人骚客，还是历史学家都给予极大的关注，但至今难有定论。

汉高祖如何在"白登之围"中脱身

汉高祖刘邦建立汉朝后，让韩王信迁到代国，建都在马邑。匈奴兵攻打韩王，并用大军包围了马邑，韩王信因为受到汉朝猜忌，失去了信任，他害怕遭到诛杀，率领众军在马邑投降匈奴。

韩王信投降匈奴后，使得匈奴对汉王朝的实情了解得更加清楚，因而率领大军南进，越过句注山，向太原郡进发，不几日，便抵达晋阳城下。汉高祖亲自率领大军追击，当时正赶上天降大雪，天寒地冻，士卒冻掉手指的十有二三。这时候冒顿单于假装败走，来引诱汉兵。汉军果然中计追击。冒顿把老弱残兵暴露在外，而将精兵隐蔽起来，于是汉高祖带领 32 万汉军乘胜追击。他率前队兵马首先到达平城（今山西大同市东北），由于汉军大都是步兵，大队人马尚未赶到。正在这时，冒顿单于令 10 万精锐骑兵突然出击，把汉高祖重重包围在白登山（在平城东）。汉高祖被包围七天七夜，汉军内外不能互相接济军粮，士兵们七天未能吃上饭。而匈奴的骑兵士气高涨，西方皆骑白马，东方皆骑青马，北方皆骑黑马，南方皆骑红马。

汉高祖身陷在匈奴骑兵的重重包围之下，又没有军粮的接济，粮食断绝，情势万分危急。

　　这时，陈平献给高祖一计。他让画家画了一名美女，连夜派人从小道将美女图送给了单于的后妃阏氏，并且告诉她："汉朝皇帝被困在这里，想把汉朝的这位美女献给单于。"阏氏害怕如此一来，自己便要失宠于单于，所以就对冒顿单于说："汉朝天子也有神灵保佑，即使我们得到了他们的土地，也不一定能够占有它。"于是，匈奴网开一面，汉军才能得以突出重围。更有一些人说，陈平用数百个傀儡做成美女登城的样子，阏氏看见之后，怀疑是汉军献给单于的，唯恐夺了自己的宠幸，因此才为汉军解了围。

　　这次大战是汉王朝建国后与匈奴大军的第一次全面的交锋，最后却以汉高祖的白登被围和用计脱险而告终。此后，汉高祖对匈奴非常忌惮，并屡次告诫子孙勿与其轻开边衅。

←　汉高祖刘邦画像

曹操为何败于赤壁之战

　　赤壁之战是中国历史上一次著名的以少胜多的战役，究竟是什么原因使曹操在赤壁之战中打了败仗呢？一般人认为曹军失败的致命原因是遭遇火攻。《三国志·蜀书·先主传》载："权遣周瑜、程普等水军数万与先主并力，与曹公战于赤壁，大破之，焚其舟船。"司马光在《资治通鉴》中也说，黄盖"乃取蒙冲斗舰十艘，载燥荻、枯柴，灌油其中，裹以帷幕，上建旌旗，预备走舸，纱于其尾。去北军二里余，同时发展，火烈风猛，船往如箭，烧尽北船，延及岸上营落"。曹军败在火攻上，证据确凿。可是，随着社会进步，近些年来，有学者提出了许多关于火攻论的质疑。他们认为曹操之所以会失败，是因为军队遭遇疾病瘟疫，导致战斗力丧失，而不是由火攻造成的，更为详尽的是，他们说是血吸虫病造成曹军赤壁战败的。

　　血吸虫论者也是根据史籍提出这一论点的。如陈寿在《三国志·魏书·武帝纪》中叙述赤壁之战时，并未提及"火攻"这件事。他说，曹公到了赤壁，与刘军大战，不占上风。后来发生瘟疫，士兵大部分都死了，于是带领部队回去。从曹军主帅曹操在战后写给孙权的一封信中可看出，他不承认失败是因为遭到火攻，其中写道："赤壁之战，有疾病侵袭，我烧船而退，使周瑜白捡了这个好名声。"而曹操所说并不是唯一凭证，《吴书·吴主传》中也有曹操自己烧掉战船一说："曹公烧剩余船而退败。"由此论者认为，火攻一说不足以取信。曹军失利主要原因就是瘟疫，即血吸虫病，其理由是：

第一，我国古代早已存在血吸虫病，远古医书中的周易卦象便有"山风蛊"之病症，在公元 7 世纪初的《诸病源候论》中也有关于血吸虫病一类的记载。现今，研究者在出土于 1973 年的长沙马王堆一号墓中的女尸肠壁及肝脏组织中也发现了大量血吸虫卵。由此可以看出，早在汉代，血吸虫病之患就在长沙附近存在着。大量调查资料表明，与赤壁之战有关的地区为血吸虫病发区，尤其是湖南、湖北一带。

第二，血吸虫论者根据赤壁之战的时间与血吸虫病的易感染季节推断，血吸虫病的流行季节正好是曹军迁徙、训练水军的秋季。曹军从陆地转战水中，是最容易染上此病的。血吸虫在人体中的潜伏期为一个月，它们在一个月以后才会使人出现急性症状。所以曹军在训练时期已经染上此病，进入冬季决战时期，此病也已进入急性期，致使曹军遭受此病折磨，不堪一击。孙刘联军也同样是水上训练和作战，为什么不会染上血吸虫病呢？关于这个问题，血吸虫论者认为这要根据人免疫力的强弱来看。孙刘联军长期居住于南方疫区，具有一定抵抗力，即使得此病，也不会这么严重。曹军都是北方人，抵抗力差，所以患此病的症状严重，因而溃败。

然而，血吸虫病说也不可尽信，它比火攻论的争议还要多。《新医学》（1981 年 11 期）与《文汇报》（1982 年 5 月 25 日）就这个问题相继载文展开争论，他们认为：

第一，曹操在邺而不是在疫区江陵训练水军，那里不是血吸虫病疫区，感染的可能性不是很大。

第二，史书确实记载曹操烧船退军一事，但烧船的地点不在赤壁而在巴丘，时间不在赤壁大战时，而在曹军兵败退到巴丘时。

第三，血吸虫病的潜伏期一般在一个月左右，少数在两个月以上，潜伏期越长，发病的症状也就越轻，所以即使曹军在秋季患上了血吸虫病，到大战爆发时才发病，曹军的身体状况也不会很糟糕。

第四，曹操的水军大部分是居于血吸虫病流行区的湖北人，跟孙刘联军的免疫力没有什么差别，除此之外，补充给曹操的刘璋军队也是来自疫区四川的士卒。所以，孙刘联军在免疫能力上与曹军没有高低强弱的分别。

火攻论不可尽信，血吸虫病说也有缺陷，那么，曹操在赤壁战败的原因，只能作为一个千古之谜留存于人们心中了。

诸葛亮为何挥泪斩马谡

　　"失街亭"的故事几乎人人皆知，诸葛亮挥泪斩马谡的故事也家喻户晓。有很多人为马谡鸣不平，认为胜败乃兵家常事，仅仅打败了一场战争，便要被斩，诸葛亮的军法是否太过严厉呢？但马谡被斩的原因究竟是什么呢？仅仅是因为失街亭吗？

　　朱大渭在《马谡被杀真相》一文中指出，虽然失街亭是马谡"罪在必诛"的导火线，但是常言说胜败乃兵家常事，不应因一次败仗就让将领"罪在必诛"。但就算街亭一战胜利了，按军法马谡也该杀，因为他不仅违反军法，而且还畏罪潜逃。因此朱大渭认为，马谡是违抗了诸葛亮的正确领导而失街亭的。《三国志·蜀书·诸葛亮传》载："马谡举动失宜，违亮节度，大意为所破。"街亭的失守，不是一个小的错误，而是在战争最关键的时刻，马谡自作主张一手造成这个严重后果，按军纪应斩马谡。俗话说"军纪如山"，特别像诸葛亮这样的人物更是治军严谨。正像诸葛亮回答蒋琬时所说："若不按军法斩马谡，谁还会服从指挥，如何能'讨贼'呢？"朱大渭还指出，马谡不但不承认错误，还畏罪潜逃。按照当时军中的法规，如果将士临阵脱逃，就要被处死，所以这正是马谡被斩的原因。

↑ 诸葛亮塑像

有人不同意这种说法，因为马谡在战前颐指气使，吹嘘自己"熟读兵书，颇知兵法"；在战时，他骄傲轻敌，让军队驻扎在山上，舍弃有利地形，不切实际地用"置之死地而后生"的兵法，副将王平几次劝说都没有用，因而他是个赵括般的危险人物。马谡这个危险人物根本不是"杰出将才"，而只是一个"成事不足，败事有余"的人，因而司马懿听说诸葛亮派马谡来时，笑曰："徒有虚名，乃庸才耶！孔明用如此人物，如何不误事！"马谡领命时立过军令状，表示"若有差失"，则"乞斩全家"。但结果他令军队全军覆没，耽误国事，还使诸葛亮险些被司马懿所擒。因此综合以上因素，正是因为马谡在战前、战时、战后的各种表现的综合，造成了马谡的被斩。而马谡的被斩，绝不仅仅是因为失掉了一个小小的街亭。所以尽管马谡没有畏罪投敌，而且认识到自己的错误，临死前还留了一份遗书给诸葛丞相，使全军官兵感动得痛哭流涕，但诸葛亮最后还是杀了马谡以示众人。

尽管马谡被斩还存在各种各样的谜团，但总之还是造成了诸葛亮"出师未捷身先死，长使英雄泪满襟"的结局，让后人为之扼腕叹息。

成吉思汗铁骑所向披靡之谜

↑ 成吉思汗的铜像

　　蒙古骑兵向来所向披靡，百战百胜，攻城略地，少有败绩。那么，他们为何能征善战呢？蒙古人打起仗来有许多办法，并且也善用策略，蒙古骑兵服从、骁勇、顽强的精神是他们胜利的最重要因素。蒙古骑兵纪律严明，即使因小事违反军纪，也动辄受笞刑或受死。所以，蒙古骑兵打起仗来非常勇猛，快速灵活，当然所向披靡，无可匹敌。

　　骑兵的勇敢是从小训练出来的，他们从 3 岁时就被绑在马背上，从此一生几乎都在马背上度过。蒙古马气力、耐力也非常惊人，它驮着骑者，能日行 120 千米，而且途中只需要休息一次，喝水进食。这样使得蒙古军队占尽优势，他们能迅速集中兵力，从而可以造成人马众多、声势浩大的假象。

蒙古军队的组织异常严密，而且调动起来灵活迅速。一万名战士分成 10 个千人队，一队分为 10 个百人队，这一万名战士由大汗的一个亲戚或亲信指挥。两万人可组成一军。另外，大汗亲选一万名"体格矫健，技能好"的人，组成精锐的"护卫军"，在平时分为四班守卫，战时随大汗出征。

虽然全军的统一命令是由快马下达，但是将在外君命有所不受，个别将领在作战时享有极大自主权。军队消息非常灵敏，在大军前面有斥候部队，随时将敌情送回军队总部。

而且在斥候部队前面还有大量敌后探子，他们潜入敌城打探情报，扰乱人心。蒙古人特别喜欢结交商人，并招募商人从事谍报工作，可能是大多数商人唯利是图，比较容易收买吧！

此外，蒙古大汗还有一种最有力的武器，就是计划周详、时时刻刻对敌人施行心理战术。如果大汗想攻取的城市不愿意投降，那么，他们最终一定逃不掉屠城的下场。当时最大且最兴盛的撒马尔罕和内沙布尔两城，就由于这个原因先后被夷为平地，居民无一幸免。这个消息传开后，别的城市就不敢抵抗。但是有的即使投降也不一定能避过厄运。基辅城中的俄罗斯王公投降前虽得到宽大保证，但最后还是给扔在饮酒祝捷的桌下活活压死。阿富汗西北边境赫拉特城的居民在听到赦免消息后走出城外，却被全部杀死，整座城也被夷为平地。

蒙古人虽然有时候不免会杀伤无辜，有时还驱赶老百姓到阵前作挡箭牌，却并不轻视他们征服的民族，反而热衷于学习。但是最后，他们逐渐沉溺于养尊处优的生活中，失去了游牧民族的活力。

李自成最后去了哪里

公元1644年，李自成率军攻入北京城，推翻了明朝的统治。而后不久，山海关一战，农民军遭吴三桂部和清兵的夹击，大败而归，李自成匆匆在武英殿举行即位典礼，随即放火焚烧明宫并撤出北京。以后，李自成数战数败，转战南北，于公元1645年行军至湖北九宫山时，遭地方乡兵袭击，李自成从此不知所踪。

直到现在，关于李自成的行踪仍无确切说法。综合而言，大致有两种："九宫山说"和"夹山说"。对于李自成在九宫山上死亡的记录见于阿齐格向清廷的奏报和南明兵部尚书何腾蛟给唐王的奏报。阿齐格在奏报中写道："反兵逃窜至九宫山中，我军随后搜遍全山，不见李自成，李自成身边的随从共20人，被困，自缢而死。派遣一见过李自成者，前往辨认，但尸体已腐烂，不能够看清，是生是死，继续追查。"何腾蛟所写的奏报说："在九宫山已将李自成斩首，首级不慎丢失。"以后这两封奏报成了多数研究史学人士的根据。

据《明史》、《小腆纪年》、《南疆逸史》等史籍记载，李自成到九宫山后，队伍散去，李自成本人被程九百等乡民所杀，同治《通山悬志》、嘉庆《湖北通志》都赞成此说。但是，20世纪80年代在湖北通山县新发现的《朱氏宗谱》、《程氏宗谱》为"九宫山说"提供了新的证据。在新中国刚刚建立之时，曾掀起一场关于李自成葬身何地的争论，最终李文治撰文考证李自成葬身之地为湖北省通山县九宫山，郭沫若赞成此说法，学术界对这一结论也基本认可。因此闯王陵从通城县迁移至通山县九宫山牛迹岭下。但是，九宫山说亦有两点可疑之处，首先是"尸朽莫辨"，其次是上呈奏报的阿齐格和何腾蛟两人当时并未在九宫山，他们是从手下将士嘴里听到消息的。

首先对"九宫山说"提出疑问的是申悦庐，他认为李自成兵败后并未死于湖北，而是在康熙十三年（公元1674年）老死于湖南省石门县夹山灵泉寺。这个推断主要是依据清朝时期湖南澧州知州何所作的《书李自成传后》一文，何经过实地考察，询问当地老人，认为李自成在九宫山并未死去，而是制造的假象，以迷惑追兵从而摆脱清军。在从湖北公安逃到湖南澧州的过程中，大多数的部下见闯王大势已去，便纷纷另谋生路。到安福县境内，闯王甩开随从10余人，单独来到夹山灵泉寺削发为僧，也就是夹山灵泉寺的祖师"奉天大和尚"，法号"奉天玉"。李自成曾经称自己为"奉天倡议大元帅"，其中"奉天玉"隐含"奉天王"之义。奉天玉和尚于康熙十三年（公元1674年）死于灵泉寺中。何亲自见到了曾伺候过奉天玉和尚的老僧，据老僧讲，奉天玉和尚在顺治初年来到灵泉寺，说话带有陕西口音。寺内还收藏有奉天玉和尚的画像，与《明史》记载相符。留在澧州的起义军余部一直没有推举新的首领，也是由于李自成还健在的缘故。

清末民初著名学者章太炎赞同"夹山说"。他也到澧州进行过实地考察，还考察出李自成在夹山隐居时，曾作诗百首来赞赏梅花，即《梅花百韵》，并搜集到其中的五首作为驳斥"九宫山说"的依据。一些出土的文物成为"夹山说"最具权威性的证据。在澧州发现建有奉天玉和尚的墓地并有骨灰坛出土，20世纪50年代在奉天玉断碑上发现有"子门徒已数千指中兴"等句，完全是一派将领的豪言壮语。重修夹山寺时，又发现刻有《梅花百韵》诗的残版，上面残留九首诗歌；同时还发掘到"永昌通宝"铜币（永昌是李自成大顺政权的年号），刻有"永昌元年"字样的竹制扇骨、铜制熏炉等。据史学家称，奉天玉和尚墓出土的符碑上面，刻有四句四言偈语，十分接近于李自成的

↑ 李自成塑像

家乡米脂的传统随葬符碑，其中有三句和在米脂地区出土的一块符碑上的三句完全相同，这与石门的传统发葬的习俗有明显区别。另外，奉天玉和尚有一弟子，法号"野拂"，他就是李自成的侄子李过，野拂所撰的碑文为夹山说提供了有力证据。

学术界对李自成结局的研究还会继续，随着研究的深入，或许会发现具有说服力的证据，向世人揭示这一谜案的真相。

石达开将信写给了谁

太平天国翼王石达开在遭太平天国内部猜忌被迫分兵出走之后，坚持进军四川，打算自立一国，结果在大渡河畔被清军与地方土司紧紧围困，成为釜中之鱼。石达开率领军队左冲右突，未能血战脱险。在无可奈何的情况下，石达开命军师曹伟人给清军写了一封信。信中说："窃思求荣而事二主，忠臣不为；舍命以全三军，义士必作。"（《太平天国文书汇编》）请求清军赦免他的部下。他把信写成后，用箭射入驻守在大渡河对岸的清朝四川重庆镇总兵唐友耕的军营中。关于这封信的收信人，有人说是重庆镇总兵唐友耕，有人说是四川总督骆秉章。正因为这两种说法各有凭据，成为一大疑案。

1908 年，唐友耕的儿子唐鸿学为其父所编《唐公年谱》印刷出版。年谱中附录了石达开的信，介绍说这封信是石达开写给唐友耕的，也就是说石达开是向唐友耕乞降的。

关于石达开写信给唐友耕的事，《记石达开被擒就死事》一文记载特别详细。文中说，石达开在"四月二十三日，以书射达北岸唐友耕营"，"唐得书，不敢奏亦不敢报。石军不得复"。根据这种说法，唐友耕收到石达开的信后，隐匿不报，也没有回复石达开。

1935 年，四川泸定西沙河坝农民高某在紫打地偶然发现了石达开的函稿三通。其中一通在《农报》上发表，标题《致四川总督骆秉章书》，收信人是骆秉章，而不是唐友耕。

1937 年，萧一山在写《翼王石达开致清重庆镇总兵唐友耕真柬伪书跋》时，认为《农报》发表的《致四川总督骆秉章书》是错误的。他说，他在成都黄某家中曾亲见致唐友耕"真柬伪书"一通，是用翼王所遗之柬帖转抄的。萧一山认为《唐公年谱》附录的石达开信函是可靠的，该信的确是石达开写给唐友耕的。《广东文物》按照萧一山的说法，有《石达开致唐友耕书》。《中国近代史资料丛刊》中《太平天国》所辑此信据《广东文物》排印，因此唐友耕为收信人的说法流传较广。

但是，简又文先生认为紫打地农民高某发现的"三遣函，其致王千户与致唐友耕两通……可以为真品"，因此，他的说法与萧一山不同，但认为石达开写信给唐友耕是可靠的，"致唐函更见之《唐公年谱》，尤为可信"（《太平天国全史》中册）。

罗尔纲先生对石达开写信给唐友耕这件事十分怀疑。他认为是唐鸿学将原收信人骆秉章盗改为唐友耕，他的意图是要为父亲脸上贴金。

石达开信中说："惟是阁下为清大臣，肩蜀巨任，志果推诚纳众，心实以信服人，不蓄诈虞，能依清约，即冀飞缄先复，并望贲驾遥临，以便调停，庶免贻误，否则阁下迟行有待，我军久驻无粮……"（《太平天国文书汇编》）罗尔纲指出，石达开信中"肩蜀巨任"的话，应该是对身为四川总督、担负四川全省重任的骆秉章说的，而不是对只管重庆一镇绿营兵的唐友耕说的。太平天国己未九年，李永和、蓝大顺在云南昭通府起义。当时唐友耕为起义军中的一个小头目，后来降清。以唐友耕的身份和地位，石达开是不会写信向他请求赦免三军将士的，更何况唐友耕也没有这么大的权力。唐鸿学知此破绽，故将"肩蜀巨任"改为

"当得巨任"。石达开对唐友耕的来龙去脉一清二楚，在信中怎么会称唐友耕为清朝大臣呢？石达开说"并望贲驾遥临"，显然是对远在成都的四川总督骆秉章说的，而不是对隔河相望的唐友耕说的。唐鸿学将原信改为"拜望台驾近临"。石达开信中还有"阁下如能依书附奏清主"的话，但是，当时总兵是不能直接向皇帝上奏的。以上种种破绽，可以证明此信是写给骆秉章的。

↑　太平天国翼王石达开塑像

1945年，都履和根据李左泉《石达开被困记》整理编修而成《翼王石达开被困死难纪实》，其中附录有石达开的信。李左泉的文章是根据土千户王应元幕僚许亮儒遗著《擒石野史》笔记润色重编的，来源可靠。

罗尔纲认为，《农报》所载高某发现的抄本和《翼王石达开被困死难纪实》附录的石达开信函是真实的，是没有经过唐鸿学篡改的。石达开这封信的收信人应是骆秉章而不是唐友耕。

总之，石达开到底将信写给了谁仍旧只是推测，为什么日期不对也是一个难解之谜。

太平天国的将领下落何处

太平天国运动失败后，其将士流落到哪里去了呢？有人说是逃避到海外去了。

那么究竟有哪些人出奔、安居海外呢？这里说的海外，包括中国香港、中国澳门以及南亚、美国等地，这些地方都在清政府的管理范围之外。

毗连广东的香港是太平军将士逃亡海外理想的落脚点和桥头堡。早在天京内讧后，能文善武的赖汉英目睹同室操戈，所以对太平天国失去了信心，从南京溜出，在香港寄居多年后于20世纪初始返回家乡。此说具有传奇色彩，不足为信。但实际上，天京沦陷后，确实有些太平天国人物匿居香港。现在有记录的是曾担任水军司令官的森王侯裕田，他暗运军火粮食接济太平军漳州余部，明里则开设金成泰店，后来和另一个匿

↑ 太平天国旗帜

居香港的人先后被引渡到广州杀害。

据简又文调查，到香港避难的还有洪秀全的三个本家侄子：琅王洪魁元以磨剪刀掩护，后来当上警察的王洪绍允初以贩卖咸鱼为业，最后又在九龙红开设广济堂药店；瑛王洪春魁逃到香港后改名为洪和，自卖身为猪仔赴古巴充任挖鸟粪劳工，后返回香港悬壶行医，后来辛亥革命前夕，策划建立"大明顺天国"的洪全福就是他。

上述仅是能够列举名字的头面人物，随着岁月流逝，其他流亡海外的人因缺乏文字和口头传说，其事迹就不得而知了。

不少的太平军成员赴美国，这与美国要开垦西部时需要大量劳工有关，19世纪中期是欧洲资本主义蓬勃发展时期，也需要成千上万的劳工。英国少校、"常胜军"领队戈登在攻陷苏州后，将太平军俘虏充做猪仔，用兵轮装到海外圭亚那等英国殖民地当苦工。那么那些逃亡的太平军成员为什么要横渡太平洋跑向美洲呢？像洪仁长子、能以英文会话的洪葵元，在天京失陷后出逃到广东浮海，后来到美国哥朗帮工，后就寄住南美洲英属圭亚那。据广东花县纪念馆调查称，洪仁的后代在美国是确有其人的，流落南美洲西印度群岛马提尼克的太平军将领中还有国民党元老陈友仁的父亲。

值得注意的是，近代中国已不再是封闭世界了。在此大背景下，太平军将士失败后在大陆不能安身时，是懂得出奔海外的，所以就产生上述的真真假假的多种说法。囿于时空因素的限制，这里所举的种种说法，即使是言之凿凿，也还是事隔多年后人的调查和追记，至于臆测、推理和编造那就在所难免，为什么对太平军将士流亡海外有这么多种说法，而匿居在香港和海外的太平军究竟有多少？看来还得随着今后文化学术的频繁交流，方能有较多的资料证实。

甲午海战中"方伯谦案"之谜

甲午海战中北洋舰队失败，以前都把责任推到济远舰管带方伯谦身上，说他在海战开始后首先临阵脱逃，以致"牵乱阵势"，导致海战的失败。战后，李鸿章和丁汝昌以方伯谦"临阵脱逃"罪奏报朝廷，依旨正法。在之后很长的时间内，方伯谦"临阵脱逃"成为定论，虽早有人提出疑问，但并没有引起足够的重视。20世纪80年代以来，方伯谦案是否冤枉一时成为近代史的一个热点。

↑ 方伯谦画像

正方阐述这样一个基本史实：海战中济远舰累中敌炮，首先挂起表示本舰受重伤不能再战的白旗，后来看见邓世昌的致远舰被击沉后，管带方伯谦产生畏惧心理，首先率舰逃出阵外，驶回旅顺基地。广甲舰见济远舰逃跑，也尾随其后撤回，慌乱中触礁搁浅。济远舰、广甲舰的退出，使北洋舰队的阵势出现严重混乱，被日军各个击破，最终导致海战的失败。战后，水师提督丁汝昌向李鸿章报告海战情形，以"济远首先退避，将队伍牵乱，广甲随逃。若不严行参办，将来无以儆效尤而期振作"。李鸿章根据丁汝昌的报告上报军机处，请将济远舰管带方伯谦即行正法。军机处依报同意。随即，方伯谦在旅顺被斩首。广甲舰管带吴敬荣则只受到"撤职留营"的处分。

反方根据尚未发表过的卢毓英手稿《卢氏甲午前后杂记》，论证方伯谦案确系冤案。卢氏是广甲舰上的管轮，亲自参加了甲午海战。广甲舰触礁搁浅后，他搭乘济远舰回到旅顺。

因是作者亲临现场，所记史事应该是最为可靠的。从他的杂记和其他史料里可以清楚地了解到以下的史实：首先，甲午海战中我方阵势的混乱是由于战术上的轻敌和提督丁汝昌指挥不力造成的，并不是因为济远舰的撤出才"将船伍牵乱"的。是丁汝昌未等舰队列队完毕，就轻率地发出进攻的命令，以致使我方阵势出现混乱状态，被日舰各个击破。其次，真正首先逃跑的是广甲舰而不是济远舰。广甲舰在致远舰的后面，一看到致远舰被击沉，顿时"全军胆落、心愈慌乱"，在"未受一炮"的情况下就仓皇逃离战场，慌乱中触礁搁浅。而济远舰因为"当敌之冲迎击既久，炮多炸裂倾倒，无从应敌"，才被迫撤出战场的。从先后来说，广甲舰远比济远舰逃离战场早；从性质来说，广甲舰是畏敌逃命，而济远舰是因为受到重创不能再战才撤出战列的。第三，丁汝昌和方伯谦平日结下仇怨，丁汝昌乘机报复，制造了方伯谦冤案。方伯谦、丁汝昌二人曾在刘

↑ 丁汝昌画像

公岛争地造屋，结果方触犯了丁汝昌的私利，丁汝昌一直怀恨在心。另外，方伯谦、丁汝昌二人"在沪同溺一妓，俱欲以金屋贮之。妓以丁汝昌年老貌劣，不及方之壮伟，誓愿嫁方"。因此，丁汝昌深恨方伯谦"夺其所好"。第四，甲午海战的失败在很大程度上是因为丁汝昌指挥不力造成的。

丁汝昌为了推卸责任，就把方伯谦当成替罪羊推上了断头台。同时，海战中真正畏敌逃跑的广甲舰管带吴敬荣，是丁汝昌的同乡心腹，丁汝昌害死方伯谦，正可遮掩吴敬荣的罪行。

但是正方对以上说法不以为然，他们提出了以下理由：一，方伯谦在战斗正在进行的时候就离开战场是不可否认的事实，根据北洋海军的有关章程，显然应该"临阵逃亡，斩立决"，即使不存在将队伍牵乱的问题，被正法也是不冤枉的。二，《卢氏甲午前后杂记》本身就露出破绽，作了济远舰先逃的佐证：卢氏在广甲舰里亲眼见到并记录了经远舰沉没的情形，而方伯谦在他的报告中对经远舰沉没这一重大事件却只字未提。可见，经远舰沉没的时候，方伯谦已经逃离了现场，而广甲舰是在经远舰沉没后才离开战场的。三，济远舰是否因受重创不能再战才退出战斗的问题？正方指出，日本海军方面的材料对和定远、镇远、来远、靖远、经远、致远等中方舰只的交战情况描写非常详细，偏偏没有对济远舰有所描述，说济远舰受重创如此严重值得怀疑。而且，济远舰处于队列的左翼，而海战的焦点却是在右翼。卢氏对济远舰的伤情则是夸大其词的，因为，如果济远舰受重创，那么，它为什么能够按正常的速度驶回旅顺？如上所述，正反双方各执一词，使"方伯谦案"像近代史上的其他谜一样，仍然处于悬而未决的状态。

十九路军奇袭日军坦克之谜

淞沪抗战中，十九路军曾袭击过日军战车部队，并给日军刚刚装备的制式主力战车八九式中型坦克造成相当大的损失。可惜，这段记载语焉不详，而且在中国方面的资料中至今没能找到相应的记录。

说起这次战斗，需要谈到日军战车发展的一个创举。日军装甲部队发展比较落后。

↑　十九路军将士

但是，它也有一个闪光点，那就是较早地在战车动力上采用柴油发动机代替了汽油发动机。这在安全性和经济性上都具有重要意义，代表了战车动力的发展方向。今天的世界装甲车辆，大多都采用柴油发动机。最早采用柴油机的日军坦克，是1934年7月定型的八九式乙型中型坦克，它采用一台三菱 A–6120VD 气冷式柴油发动机代替了八九式甲型的戴姆勒 118 马力六缸汽油发动机。

八九式坦克，一般被认为脱胎于英国维克斯 C 型战车，而根据有"日本战车之父"之称的原已未生中将回忆，这种坦克的设计综合了维克斯 C 型战车和此前超重失败的日本"第一号战车"的特点。这种战车在中国战场堪称巨兽，中国军队除了从印度打回来的远征军中装备有美式 M3、M4 坦克，整个抗战期间还没有比它更重的战车。

在原已未生《日本战车发展史》中，记载做出这种改变的原因，第一是为了节约燃料，第二则是"吸取第一次上海事变八九式坦克作战中汽油发动机生存力低，容易起火的战训"。

所谓第一次上海事变，就是我国常说的"一·二八事变"。1932 年1 月 28 日，日军入侵上海闸北，驻防的蔡廷锴部十九路军奋起抗战。中国军队的拼死抵抗打得日军三易主帅，击毙敌第七联队联队长林大八少将，活捉日军大队长空闲少佐。

林大八曾经担任过吉林特务机关长张作相的"吉林督军署总顾问"，是日军里的中国通。此人是"9.18"事变后第一个在中国阵亡的日军将领，他的死留下了一个历史之谜。那就是林大八阵亡于 3 月 1 日，在日军第三次总攻的前线阵地，是被机枪击中身亡的。对面的中国军队，一半是十九路军，一半是中央军第五军，所以林大八到底是死在了哪支中国军队手里，至今仍是个说不清楚的事儿。

由于钢产量不足，加上日本陆军坚持白刃战第一的作战思想，日军战车从设计上就被作为步兵支持武器，装甲薄、火力弱。

其实，即便是装备落后的中国军队，当时也曾经给日军战车部队沉重打击，八路军山东部队就曾在曹各庄用得意的诱敌深入战术，歼灭过一支配属独立混成第八旅团执行扫荡任务的日军战车部队，日本《春兵团的战斗》一书中曾描述过这次战斗。

既然改装柴油发动机是吸取战训，说明"一·二八事变"的战斗中鬼子的坦克部队肯定吃了我们不小的亏。

然而，在中国方面的资料中，并没有摧毁日军中型坦克的纪录。从战斗中的记录看，中国军队有击中击毁日军战车的战例。但从描述看，大多应该是日军海军陆战队使用的轻型装甲车。无论是十九路军还是第五军，都缺乏能击穿八九式 10～17 毫米装甲的有效武器。八九式坦克重量 12 吨，如果放在欧洲闪电战的战场上只能算是三流装备，但在当时的亚洲战场堪称庞然大物，几年以后全面抗战爆发时，中国军队威力最大的英制 6 吨半战车也只有它一半的重量。如果真的曾将其摧毁，中方应有记录。

日本战史学家儿岛襄的《日中战争》一书，被认为对一·二八抗战的战场描述比较详细客观，包括空闲少佐被俘，日军侦察机被中国高炮击落等作战细节都有专文介绍。他在书中描述过中国军队在上海战场击毁日军装甲车的战斗，提到八九式坦克左侧前方有一个大观察窗是设计的败笔。因为中国军队在八九式坦克面前吃亏后，曾组织神枪手专门瞄着这个地方打，杀伤日军车内人员。

八九式坦克左侧的确有一个观察窗，是个窗套窗的设计，想法是行军时候开大窗，作战的时候开小窗。想法虽好，无奈那个小窗视野实在太窄，战场上日军多不得不打开大窗以利观察，结果成了这种坦克的阿喀琉斯之踵。遗憾的是，儿岛襄也没有记录中国军队在这一战中曾摧毁过八九式中型坦克。

然而，根据日军作战记录，在上海战场，确曾损失了两辆八九式坦克。日军在上海投入的八九式坦克隶属于独立第二战车中队，指挥官是重见伊三雄大尉。日军对八九式这种当时的新式武器，抱有试验和检验的目的。因此，这个独立第二战车中队装备两种坦克——日本国产的八九式坦克5辆、法国进口的雷诺NC战车10辆，以便对比两种坦克的实战能力。到淞沪协定签署的时候，该中队的八九式坦克只剩下3辆。

另外两辆哪儿去了呢？若是简单的遭到中国军队的人员杀伤，甚至击穿其装甲薄弱部位，并不能将这样的巨兽摧毁。战场上中国军队并无俘虏这种坦克的记录。所以，即便曾将其击伤，日军坦克也肯定逃了回去。而在这种情况下，不大可能使其享受从花名册上除名的待遇的。

根据日本方面的看法，八九式坦克的表现，比雷诺战车要好。其主要优点，第一是性能稳定，第二是火力强大。性能稳定是因为雷诺坦克的毛病太多，故障频出，经常开到中国军队的阵地前就成为死靶子。而火力强大则是因为它装备了57毫米短管加农炮。八九式坦克的57毫米短管加农炮基本没有打击装甲目标的能力，却适合摧毁固定的机枪掩体等目标。日军记录中提到一条经验，即战车上装备火炮比装备射速高的机枪更有价值，面对对方以机枪据守的阵地，如果也用机枪对射一般会形成对峙，但如果轰上一炮对方通常就失去斗志而丢掉阵地了。俗话说"老兵怕枪，新兵怕炮"，十九路军倒不是新兵，但是基本没有重武器作战经验，日军的这条战斗总结有一定道理。

2002年第3期的《丸》杂志（总683期），有个《日本装甲战斗车辆》的特辑，有一篇装甲兵专家三味由纪雄的文章恰好提到了这次战斗。

按照文中的描述，这次战斗是日军的后方阵地遭到了中国军队的奇袭，交火中日军的一个战车停车场也遭到袭击。这时，日军在该车场的战车都处于"保管"即维护状态，无法投入战斗。中国军队的炮弹也没有命中日军战车，但还是给它们带来了灭顶之灾——中国军队用迫击炮猛烈攻击了慌乱中的日军，其中一发炮弹恰好命中战车队列附近一辆两轮带斗摩托车。这辆摩托车立即被摧毁并起火燃烧，而烈火沿着地面的汽油滴迹延烧开来，停放在一旁的八九式战车也被引燃殉爆。

区区百余字，没有时间、地点，也没有具体被摧毁了几辆八九式坦克，但战斗过程描述得颇为清晰，给人身临其境的感觉。然而正是这次战斗让日军痛下决心，开发柴油机动力的主力战车。如果这是十九路军袭击日军坦克部队的全貌，在双方的作战记录中难以找到也并不奇怪。

中国抗日战争到底消灭了多少侵华日军

中国抗日战争，到底消灭了多少侵华日军？

按照美国学者根据日本战中统计计算，在大陆被击毙的日军，共计44万余。一位研究抗战历史的专家张忠义先生，旁征博引日军史料，也得出一个接近的数字，45.5万人。国民党军参谋总长何应钦在《八年抗战》中公布的数字则为48万，而中国革命军事博物馆则采用新中国成立后综合统计后的数字为55万。当然，也有对此持有异议的专家学者，比如社科院的刘大年教授，就根据国民党军战地统计数字计算，日军在中国阵亡人数超过100万人。

到底哪个数字是正确的呢？

美国方面使用的是日军提供的公布材料，按说具有一定的权威性。

然而，对日军公布的阵亡人数，一直就有异议。

第一方面的异议是日军的阵亡人数和对手公布的往往差距很大，比如国民党军在台儿庄战役中，认为至少击毙日军1.2万余人，而日军公布的阵亡人员只有2000余，相差6倍之多。一些学者如张忠义先生将其归结为中国军队对战果的夸大。

国军对战果夸大可能有之，但日军的作战记录中，却有很多令人费解之处。例如日军在作战记录中，经常可见"苦战"字样，而公布的伤亡却极小。以攻占洛阳为例，整个战役，日军公布的阵亡人数，只有区区55人。但其中又分明记载了多次激战，如停车场肉搏战、禹王庙对攻等等，伤亡人数颇有些对不上号。又如抗战初期的山西万全之战，日军有记录称此战中步兵第三联队几乎全军覆没，原因是第三联队本身属于二·二六兵变的主力，这些官兵都属于当时的叛军，但惩罚迟迟未作，送他们到中国战场，其意义就是让他们能够"光荣地死"。第三联队的官兵为了洗刷耻辱，在万全城下发动了自杀性的冲锋（不炮击摧毁城墙，直接进行云梯登城），大部战死沙场。然而，与此矛盾的是，同时公布的战报中，第三联队的伤亡人数合计不超过100人。

另一方面就是日本靖国神社中供奉的灵位，与日军公布的阵亡人数不符，并且逐年增加，仿佛越来越多的阵亡人员从地底下冒出来一般。

看来，日本的战报，还真让人有些不敢相信。这种战报的权威性早就受到质疑，在太平洋战争中，美军就多次发现日军力图以掩饰自己伤亡的做法造成美军的错觉，并鼓舞自己的斗志。

虽然日方战报的数据说不通，但作为外国人，我们所能够做的，只是怀疑。然而，近年来日本国内的资料统计，却为这种说法提供了新的证据。虽然还无法断定到底有多少日军在中国阵亡，但其统计的数字，至少证明无论军事博物馆还是何应钦将军，提供的数字都过于保守了。而日军的战报，则在这些翔实的统计数字面前，彻底失去了可靠性。

比如，日本权威历史学家伊藤正德（《帝国陆军史》的作者）在他的书中，记录战死在中国的日军，共计789370人。

日本读卖新闻社编辑的《中国慰灵》，则提供了更为翔实的数字。这本书，是一套记录日军在第二次世界大战与太平洋战争中伤亡情况，追悼亡灵的系列图书，包括《缅甸慰灵》、《满洲慰灵》、《瓜岛慰灵》等，《中国慰灵》是其中的第五部。

↑ 中国人民抗日战争纪念馆

在这一册图书中，读卖新闻社记者统计的日军在中国阵亡总数，超过70万人，其中不包括苏联红军、抗日联军在东北和中国远征军在印缅的战果。这是战死和病死的合计人员数字，这符合阵亡人员统计的原则，美日统计太平洋战争中日军在南洋的伤亡人数，也是这两个数字的总和。

这部书中提供的资料，推翻了日本军部所公布数字的权威性。比如，豫湘桂战役中的长衡会战（日军称为湘桂作战），日本军部提供的数据是日军共计阵亡12209人，而读卖新闻的记录，显示日军此战的总阵亡人数超过10万。

虽然，这还不是最后的数字，但已经比早期美国学者所提供的多了一半，就是20多万日本兵埋骨在了中国的土地。至少，这是日本方面的数字，而且，看目前的趋势，随着日方史料的渐渐披露，这个数字只会增加不会减少。至于确切数字是多少？一直是一个令人费解的谜团。

"水鬼"奇袭日本出云舰之谜

　　对中国军队来说，抗日战争爆发时，在上海最吸引人的目标，莫过于日本海军中国派遣舰队旗舰出云号了。作为在华日本海军的旗舰，出云舰既是日军的海陆通信中心，也是一个极为醒目的象征。

　　中日开战以后，这艘万吨巨舰停泊于日本领事馆门外码头，不断用其203毫米主炮和152毫米副炮轰击中国军队阵地，为其陆军提供火力支援。出云舰的火力支援对在上海据垒死守的中国陆军来说威胁极大。8月13日中日在上海的战斗爆发以后，中国海陆空三军曾轮番上阵，迭次对出云舰展开攻击，并多次将其击伤。但由于该舰防卫严谨，结构坚固（水线装甲达125毫米，最厚处175毫米），所以直到淞沪会战结束中国军队撤离上海，仍未能将其击沉。这是很多中国老军人为之扼腕的一件事情。

　　根据中国方面记载，在淞沪战役中，中国海军曾经派遣"水鬼"即潜水员，试图用水雷对出云舰进行攻击。这也是中国海军潜水员在海军历史上有记载的第一次实战。

　　根据《抗战时期的长江水雷破袭战》记录，这次攻击发动于9月28日，过程是这样的：一群海军特工队员越过了多道警戒，推着水雷进入了港区。他们进攻的矛头直指"出云"号。"出云"号巡洋舰就被敌艇上的哨兵发觉了。顿时，探照灯随声而至，密集的子弹如暴风雨倾斜而下。敌汽艇也闻声围了过来。在迫不得已的情况下，特工队员引爆了水雷，遗憾的是这次行动虽然炸沉4艘驳船和1艘货轮，"出云"号只受了轻伤。这次袭击，在中国海军的其他文献中也有记录。根据中方史料，海军之所以进行这次攻击，是因为预先获得情报，得知在华日本海陆军和外交首脑将在"出云"号上召开军事会议，日酋松井石根和一批军政高官当晚可能住在"出云"号上。中国海军试图借此发动一次"斩首行动"。

尽管中方不同文献都提到这次行动，日方史料中却一直找不到这次袭击的影子。日本海军档案中记录，中国海军确曾在8月16日以鱼雷快艇袭击出云舰，由于日舰的防卫炮火炙烈，加上岸边灯光炫目难以瞄准，仅击毁出云舰所在的英美烟草公司码头和岸壁。日本历史学家濑名尧彦曾在《世界的舰船》(1982年第2期)发表了题为《扬子江上的战斗》的历史回忆文章，提到此次战斗和中国飞行员梁鸿云炸沉一艘日本驱逐舰的战例，但也强调在日本海军的官方记录中，找不到这两次战斗的记载(《中国の天空》的作者中山雅洋认为梁击沉的可能是一艘日军征用改装的运输舰而不是驱逐舰)。

那么，中国海军是不是真的出动过"水鬼"袭击出云号呢？

从中方的文献来看，的确有一些令人觉得可疑之处。

根据中方记录实施这次攻击的是海军两名布雷兵，分别叫做王宜升、陈兰藩，他们两人携带三枚水雷对出云舰进行了攻击。《中国水雷发展简史》记载王、陈二人携带的是海军上海新舰监造室制造的海丙式电发水雷。可见，这种水雷自重颇大，两名水兵拖带三枚这样的水雷进行攻击，几乎是不可能的事情。

　　而且，中方报刊在 1932 年淞沪事变 19 路军抗日时期，也有胡厥文，王亚樵组织"水鬼"用水雷攻击出云舰的报道。会不会是这次袭击被误记为发生在 1937 年了？

　　经过核对，发现国民党时期军政部档案中，确有 1937 年淞沪会战期间，动用潜水员袭击出云舰的资料，并称实际上曾对出云舰进行过两次水雷攻击，最早提出这一建议的是与海军无关的民族资本家刘鸿生和宋子文的弟弟宋子良。

↑　停泊在黄浦江上的出云舰

Part 3

宫廷迷雾

商纣王是暴君吗

　　小说《封神演义》是一部家喻户晓的著作。它在武王伐纣的背景下，写了一系列正邪斗法、神妖混战的故事，在民间影响广泛。书中的主要人物商纣王，是人人恨之入骨的暴君。那么，历史上的商纣王是不是这样的呢？商纣王，名叫帝辛，是商朝的最后一位君主。"纣"是"残义损善"之意，"纣王"是后人对他的贬损评价。史书上记载的纣王的罪行有：沉溺酒色、奢靡腐化、残忍暴虐、荼毒四海、重用小人、不敬祖先、不信忠良等种种罪行，简直是罄竹难书。后来，纣王失去士气和民心，终于被武王所打败。他一把火把自己烧死。他的妻子妲己也被武王送上了断头台。商纣王真的会这样残暴么？

　　据说孔子的学生子贡就曾怀疑过，认为是有人故意把天下的罪恶都加在商纣王的头上。近代一位著名的历史学家在考察了商纣王的70多条罪恶发生的次序之后，发现他的罪行随着时间的推移，越加越多。也就是说，是后人编造的，真实性和可信度大打了折扣。

　　那么，为什么要有意地丑化商纣王呢？原因之一是他的政敌别有用心的宣传。比如奢侈腐化、暴虐荒淫、镇压反叛、剪除异己，这是一切帝王的共性，并非商纣王独有。这些劣迹为什么表现在商纣王身上就那样骇人听闻，令人发指？原因之二是把罪恶之源引到女人身上。妲己本是纣王剿灭苏部落的战利品，也是纣王的玩物。可是，武王伐纣1000年后的《列女传》却把劣迹都归于妲己一人，这就是"女祸亡国论"。其实，在男尊女卑的封建社会里，本性凶残的帝王我行我素，独断专行，并不受女子所左右，怎么一旦亡国灭身，就把女人当成替罪羊了呢？原因之三是抹杀商纣王的历史功绩。据说，商军如秋风扫落叶一样，一直打到长江下游，降服了大多数东夷部落，俘虏了成千上万的东夷人，取得很大的胜利。从此以后，中原和东南一带的交通得到了开发，中部和东南部的关系密切了。中原地区的文化逐渐传播到东南地区，使当地人民利用优越的自然地理条件发展了生产。实事求是地说，这个历史贡献，应该记到纣王身上。那么，历史上真实的商纣王到底什么样呢？这有待历史学家进一步研究。

越王勾践"卧薪尝胆"之谜

　　越王勾践"卧薪尝胆"的历史故事，已经是尽人皆知了。这个历史故事说的是：春秋时期吴越之战，吴国打败了越国，吴军把越王勾践包围在会稽山上，致使越王在走投无路的情况下忍辱求和。从那以后，越国成为吴国的臣国，并受控于吴国。越王勾践像奴隶一般在吴国宫中服役 3 年，后来吴王免去了勾践的罪，让他回国去了。为了不忘亡国之痛、报仇雪恨，勾践在屋顶上面吊了一个苦胆，无论是出是进、是坐是站，就连吃饭睡觉，也要尝一尝苦胆之味，用来激励自己的斗志；他既不用床，也不用被褥，累了，便睡在硬柴堆砌的"床"上，以此锻炼自己的筋骨。越国最终灭了吴国，就是因为勾践这 10 多年的磨炼并实行了各种得力措施。

　　但历史上的越王勾践是不是真的用卧薪和尝胆两种手段来激发勉励自己的呢？首先从历史典籍来看，《左传》和《国语》成书年代较早，并且其中记载的史实也较为可信，因而较具有参考价值。但两本史籍中无论哪一本，在讲述勾践的生平事迹时，都根本没有记载越王勾践"卧薪尝胆"的行为。另外，在《史记》中的《越王勾践世家》中，司马迁说："吴既敌越，越王勾践反国，乃苦身焦思，置胆于坐，坐卧即仰胆，饮食亦尝胆也。"其中，没有写到越王勾践卧薪之事。东汉时期，袁康、吴平作《越绝书》，赵晔作《吴越春秋》，这两本书虽然是专门记录关于春秋时期吴越两国的历史，但它们却只是以先秦历史为基础，又加上了小说家们的荒诞想象。《越绝书》中卧薪、尝胆都未提及；《吴越春秋》中的《勾践归国外传》，也仅说越王勾践"悬胆在户外，出入品尝，不绝于口"，而根本没有卧薪之事。由此看来，在西汉的《史记》中最早出现了越王尝胆一事，而在东汉时期的史料中还没有出现卧薪之事。

有人考证，在北宋苏轼所写的《拟孙权答曹操书》中"卧薪尝胆"首次被作为一个成语来使用。但苏轼起草这封信时带有很强的游戏性，信中的内容与勾践无关，而是设想孙权在三国平分天下时曾"卧薪尝胆"。南宋时期，吕祖谦在《左氏传说》中曾经谈到"卧薪尝胆"的事情，但说的却是吴王。明朝张溥在《春秋列国论》中也说"吴王即位，卧薪尝胆"。以后，《左传事纬》和《绎史》两书中，都说是吴王夫差卧薪尝胆。但与此同时，南宋的真德秀在《戊辰四月上殿奏札》、黄震在《古今纪要》和《黄氏日抄》两书中，又说是越王勾践曾卧薪尝胆。然而，到北宋的苏轼提出了"卧薪尝胆"一词后，这事究竟是夫差还是勾践所做，从南宋直到明朝都没有结论。明朝末年，在传奇剧本《浣纱记》中，梁辰鱼对越王勾践卧薪、尝胆二事大加渲染。清初的吴乘权在《纲鉴易知录》中写道："勾践叛国，乃劳其凝思，卧薪尝胆。"后来，明末作家冯梦龙在其刊刻的历史小说《东周列国志》中也多次提到过勾践卧薪尝胆的故事，直到现在越王勾践卧薪尝胆的故事，才广为流传。但其真实性却需要考证。

另有一些学者认为，早在东汉时代成书的《吴越春秋》中的《勾践归国外传》中就有越王勾践"卧薪"之事的记载。该文说越王勾践当时"苦

↑ 越王勾践塑像

身焦思，夜以继日，用蓼攻之以目卧"。蓼，清朝马瑞辰解释说是苦菜。蓼薪，意思就是说蓼这种苦菜聚集得非常多。勾践准备了许多蓼菜一定是用来磨炼意志的，"攻之以蓼"也可以说是"攻之以蓼薪"。这样，上述《吴越春秋》中的话的语意就十分明显：那时勾践日夜操劳，眼睛十分疲倦，就想睡觉，即"目卧"，但他用"蓼薪"来刺激自己，以便能够忍耐克服，避免睡觉。卧薪、尝胆分别是让视觉和味觉感到苦。后人把"卧薪"说成是在硬柴上睡觉，是曲解了《吴越春秋》的意思，因为"卧薪"是眼睛遭受折磨而不是身体遭受折磨。这种说法的结论是：勾践确实有过卧薪尝胆的行为，尽管后人误解了这个词语的意思。

若说卧薪尝胆这个故事是真的，为什么历史上这么晚才有记载？若说的是假的，它却在民间广为流传，而且这两种说法都有根据。因此，它成为中国历史上的又一个未解之谜。

秦始皇到底有没有 "坑儒"

　　提起秦始皇，人们就会想起 "焚书坑儒" 这一典故，但是秦始皇到底有没有 "坑儒" 呢？

　　秦始皇统一六国以后，采取了一系列的措施，以便加强中央集权。在完成政治上的诸多加强控制的举措之后，秦始皇便开始了精神上的控制。公元前 213 年，秦始皇在咸阳宫为群臣及众多的儒生大摆酒宴。在宴会上，围绕着是否实行分封制，众多儒生之间发生了激烈的争论。丞相王绾、博士生淳于越等人主张实行分封，而丞相李斯等则赞同郡县制，并指责淳于越等人 "不师今而学古"，"道古以害今"。最后秦始皇支持李斯的观点，并采用、实施李斯的 "焚书" 建议，下令：除了秦纪（秦国史书）、医药、卜筮、农书以及国家博士所藏《诗》、《书》、百家语以外，凡列国史籍、私人所藏的儒家作品、诸子百家著作和其他典籍，统统按时交官焚毁。同时，禁止谈及《诗》、《书》和 "以古非今"，违者定当严惩乃至判其死罪。百姓如想学一些法令，可拜官吏为师。从这一点来看，焚书的举动秦始皇肯定做过。

　　秦始皇称帝以后，力求长生不老，迷恋仙道，不惜动用重金，先后派徐福、韩众、侯生、卢生等人寻求仙药。侯生与卢生当初是秦始皇身边的方士，由于长期为秦始皇求仙人和仙药，却始终没有找到，而心急如焚，忐忑不安。依照秦国的法律，求不到仙药就会被处死。因此他们深发感慨：像这样靠凶狠残暴而建立威势并且贪婪权势的人，不值得给他求仙药。于是，侯生、卢生悄悄地远走他乡。

这件事使秦始皇十分恼怒，于是他下令对所有在咸阳的方士进行审查讯问，欲查出造谣惑众的侯生、卢生两人。方士们为保全自己的性命，只得相互告发，秦始皇最后把圈定的460余人，都在咸阳挖坑活埋。

秦始皇的"坑儒"是"焚书"的继续。至于坑杀的人究竟是方士还是儒生，学术界各持己见。从分析"坑儒"事件的起因看，秦始皇所坑杀的人应该是方士；但从长子扶苏的进谏"众儒生都学习孔子的学说"来看，秦始皇所坑杀的又好像是儒生。

而且东汉卫宏在《诏定古文官书序》中记载，秦始皇在骊山温谷挖坑用以种瓜，以冬季瓜熟的奇异现象为由，诱惑博士诸生聚于骊山观看。当众儒生争论不休、各抒己见时，秦始皇趁机下令秘杀、填土而埋之，700多名儒生全部被活埋在山谷里。于是有人便根据这一点而偏向于传统的说法，认为秦始皇确实有过"坑儒"的行为。

但有人研究诸史籍，认为"焚书"有之，"坑儒"则无，实是"坑方士"之讹。"坑方士"事见始皇三十五年，因为侯、卢二人求仙药不成，他们惧"秦法不得兼方，不验辄死"，骂了秦始皇一番后逃走。既然事端由方士引起，那么就只能是"坑方士"，当然不能说被杀的460余人中没有儒生，而全是方士，但是由其代表人物可推知，被杀的主体应该是方士，而被杀的原因更与儒家的政治主张和学派观点无关。所以即使被杀者有儒生，也并非因其为儒生而得罪，总是与方士们有某种牵连之故。因此绝无理由说秦始皇"坑儒"。尽管秦始皇早因"坑儒"之举背上千古骂名，然而，直到今天，秦始皇究竟有没有"坑儒"这一谜团还是没有解开。

汉明帝夜梦金人之谜

　　佛教传入的情形，有各种不同的史料记载，有的说秦始皇时有印度僧人沙门室利房等18人携带佛经来到咸阳城，却遭到拘捕下狱的不幸命运；有的说汉武帝派霍去病攻打西域，曾掳获一尊金人，带回汉土，武帝将其供奉在甘泉宫，当时以为金人就是佛像；也有的提到，汉哀帝元寿元年（西元前二年），博士弟子景卢曾接受大月氏王的使者伊存口授佛经，以上这些说法，都是佛教初传时期的传闻。

　　但在各种传说中，以东汉明帝夜梦金人的故事最为人津津乐道。永平十年（公元67年），明帝梦见一位金人，身长6丈，相貌庄严美好，全身金光灿烂，在金銮殿的上空飞翔。梦醒之后，明帝遍问群臣，所梦金人到底是什么神？太使傅毅答说："臣听说《周书异记》中有一段记载：周昭王即位二十四年甲寅岁四月八日平旦时分，所有江河泉池忽然泛升高涨，四处的井水也溢出来，狂风大作，宫殿、房舍、山川、大地也都震动起来。到了夜晚，有五色光芒入贯太微，在西方遍布成青红色。当时，昭王问太使苏由：'这是什么祥瑞？'苏由回答说：'西方有大圣人诞生。'昭王问：'对天下有何影响？'苏由答道：'此时没有，一千年后声教被及此土。'于是昭王即派人把这件事情镌刻在石头上，埋在南郊的天祠前。如果以年代计算，刚好就是当今之时，陛下所梦的金人，想必就是佛陀无疑。"由于这个因缘，明帝便派遣使者蔡愔、秦景、王遵等18人西行到印度求佛法。

传说，秦始皇和汉武帝都曾经派人向东方蓬莱仙岛求取不死的仙药。自秦始皇之后，几乎所有的皇帝都迷信巫术，希望长生不死。为了达到目的，不断派遣专使向东方求

← 汉明帝画像

仙，却始终不能如愿。皇帝们求长生不成，敬鬼神不灵，靠巫术也屡出差错，派人出海到东方求仙药又一去不回，于是转而经由西域这条通路向西方求佛。奉命出使西域的蔡愔，路过大月氏国，遇到了迦摄摩腾与竺法兰两位高僧，这是历史上空前的际遇，可以说，由于汉明帝一梦，从此促成了中国向西方求取佛法而开通西域的现实需要，佛教也因此在中国展开了历史的第一页。

汉武帝与"巫蛊之乱"

在中国古代史上，秦皇汉武被相提并论。汉武帝一生大有作为，但在他在位时又上演了一幕幕巫蛊闹剧，致使皇后、太子、丞相和无数大臣都成为巫蛊的牺牲品，史称"巫蛊之乱"，它成为汉武帝一生洗不清的污点。

← 汉武帝刘彻雕像

公孙贺是当时汉朝丞相。为了替儿子赎罪，他答应为汉武帝捉拿阳陵大盗朱安世。朱安世被捉后，为了报复，向汉武帝写了一封揭发公孙贺的信，朱安世在信中写出了公孙贺的种种罪行，甚至说公孙贺密谋要取代皇上，在皇上经常出入的甘泉宫路下埋下木偶，巫蛊皇上。很快，这封信便转到武帝刘彻手中。

本性猜忌多疑的刘彻看了这封信，雷霆震怒之下下令火速查究，查究的大事由江充负责。江充派手下罗织罪名，趁机把公孙贺的人马一网打尽。公孙贺与敬声一同被捕入狱，严刑拷打，蔓引牵连，使得很多人无端获罪。最终，公孙贺父子惨死狱中。江充还不过瘾，还要灭公孙贺全家，甚至皇后的姐姐卫君儒也未能幸免。

这一巫蛊案使武帝更加疑神疑鬼，总怀疑有人用巫蛊术来暗害他。因此，这种迷信猜忌之心又被江充利用了。江充除去了公孙贺后，把矛头指向别的手握重权的皇亲国戚。诸邑公主、阳石公主、卫青的儿子长平侯卫伉也都受到牵连，并全部被杀。江充非常得意，又把仇恨的利剑指向曾得罪过自己的太子刘据。

一天，武帝神思恍惚，隐隐约约看到几千个木人，手拿着兵器，凶神恶煞般向他袭来。他惊醒后，觉得浑身酸软，毫无力气，锐气精力荡然无存。此后的刘彻，精气散逸，身体一天不及一天。武帝认为此乃巫蛊所致，命江充从速查实。

江充和心腹按道侯韩说、御史章赣率领大量爪牙进入后宫，对每一个宫都掘地三尺，搜查木偶，甚至武帝御座下的地面也被挖掘了。太子东宫和皇后中宫，也要挖地三尺。

太子刘据和皇后卫子夫恼怒万分，但有圣旨在，太子、皇后也只能听之任之。江充分部挖完之后，奏报刘彻，声称在东宫和中宫挖出的木偶为数最多，并且每个木偶身上都写了许多咒语，诅咒武帝，言辞不堪入目。武帝刘彻龙颜大怒，可仔细想想又不至于此，便召太子入宫，想要问个究竟。

太子得知自己被江充诬告，非常恐惧。刘据清楚武帝偏信江充，打算出城面见父皇，解释清楚。他又有些畏惧，唯恐刘彻不问是非曲直，就置自己于死地。

刘据真的无计可施，在万般无奈的情况下采用了少傅石德的计策，派人佯称天子使者，收捕江充，一举把江充及其死党杀死。

江充被杀死后的当天夜里，太子派心腹假称天子使者，进入皇后居住的未央宫，告知皇后大祸临头，情况危急万分。刘据调用皇后御厩车马、射士，私自派人打开长乐宫中贮备武器的仓库，紧急调用长乐宫卫士，大肆搜捕江充党羽。武帝认为太子谋反，京师长安乌烟瘴气，宫中血雨腥风，一时天下大乱。

太子刘据最终战败，带着残兵败将逃出京城长安。丞相刘屈耄率军占领京师后，把这次叛乱的主谋全部缉拿，众多的太子宾客和太子少傅石德以及太子家小全部被杀。皇后卫子夫感到脱不了干系，也自杀身亡。

不久太子的行踪被发现，太子被迫自缢而死。

太子刘据全家死亡殆尽，但武帝想不通，依然派人调查此事。一年后，此事才真相大白。太子真的是无辜，皇后也是冤死，这纯粹是由佞臣江充策划的一场宫廷巫蛊冤案。史书记载，汉武帝时期的这些巫蛊案使两位太后被杀，两位丞相被腰斩，太子刘据和两位公主、皇孙罹难，加上牵连的人前后超过 10 万人。晚年时汉武帝已感到巫蛊术的危害，了解到太子被巫蛊所害，遂诛灭江充家族，继而筑"思子台"，并在太子蒙难处筑"归来望思台"。武帝在思子台上老泪纵横，品尝自己一手酿成的苦果。

北朝众帝后出宫为尼之谜

在一般人的心目中，很难将高高在上、享受荣华富贵的帝后与孤独寂寞、陪伴青灯古佛的尼姑联系在一起，然而，在封建王朝中，却有多位早年出自尼庵或是晚年遁入空门的尊贵帝后。而且在北朝的中后期，大概 100 多年之中，仅历魏、齐、周 11 帝，竟然有 17 位帝后出宫为尼，实在是世所罕见。这成为了我国佛教史和北朝发展史上的一个极为奇怪的现象。那么，何以造成这种现象呢？

有人从我国的佛教传说来分析，用帝后佞佛来解释它，认为这是媚佛、迷信佛的结果。

东汉明帝时，佛教传入我国，先始于洛阳。汉末曹魏时期，在河南地区得到了初步的传播，西晋十六朝时期得以迅速的传播和发展，在北魏时达到鼎盛。

南北朝时期的佛教，由于门阀世族的推崇，进一步得到了统治阶级的扶植和推广，获得了广泛的传播。再加上佛教所宣扬的因果报应和六道轮回之说具有很大的诱惑性，因而南北朝历代的统治者，包括皇帝、贵族和世族官僚都信奉佛教，天竺（印度）僧人佛图澄、鸠摩罗什先后被北朝后赵石勒、石虎和前秦苻坚尊为国师。南朝的梁武帝更是一个信奉佛教的虔诚教徒，他曾把佛教定为国教，前后4次出家为僧，迫使朝廷和众大臣出巨资为他赎身。北朝也是如此，以北魏来看，各位帝王都崇尚佛法。根据史书的记载，北魏

↑　南朝古刹同泰寺故址

时的15位皇帝（连同西魏），都倡导佛法并且大兴译经、造寺及刻像之事。文明皇太后冯氏、孝明皇后胡氏、恭帝皇后若干氏及西魏文皇后乙佛氏都在长安出家为尼。在当时，洛阳城里的西域僧人有3000人之多。宣武帝下令建造的永明寺有一时期曾居住外国沙门达3000余人。当时的文人学士，也大多崇尚佛法，这就致使寺庙僧人的发展极为迅速。从这些资料可以看出，正是由于对佛教的盲目信奉，才导致了北朝时有17位帝后出宫为尼。

　　然而，另外一些人从北朝17位帝后为尼的背景出发，仔细加以比较，得出了另一种结论，认为佞佛并不是帝后出家的真正原因，他们认为这些帝后出家为尼的真正原因包括：一是健康的缘故，寺庵的环境有利于染病在身的帝后的康复；其次是有的帝后在争宠的角逐中，由于失宠而

被逐出宫为尼；再次是因皇位更迭或王朝易代而沦为牺牲品的，对这些失败的帝后来说，入尼庵实在是一个很好的去处；第四类是幼主嗣位后两宫争权的失败者；最后则是入寺寻求政治避难的。

另外有一些人则认为应该从当时寺院经济的特殊地位来探讨分析这么多帝后出宫为尼的根本原因。北朝中后期，由于统治阶级的扶持，寺院势力得到了迅速的发展，僧尼的人数骤增。佛寺已经遍及全国各地，这其中的不少佛寺是由统治者出资修建的。这些皇帝修建的寺庵，大都富丽堂皇，以收容帝后为尼最多的瑶光寺为例，此寺还有大量的宫女供帝后妃嫔役使。这些寺院都占有相当多的土地和大量的劳动力，渐渐形成了独立的寺院经济和特殊的僧侣地主阶层。寺院都拥有大量的土地财富，不经营生产，而是通过出租或役使依附农民、经营商业、发放高利贷等剥削广大的劳动人民，聚集了大量的财富。范缜在《神灭论》中记载，人倾尽家财去拜佛求僧，然而那些粮食却被无所事事的众僧吃掉了。大量钱财都流进了寺院，社会上到处都是坏人，但却没有人去制止，人们还都在称颂"阿弥陀佛"。因此可以看出，这些寺院其实是供帝后享乐的另一处别宫，在实际的物质生活上与宫中并无差别。因此，这些人认为，在当时，寺院的特殊地位才是帝后出宫为尼的根本原因。

总而言之，不论这些帝后出宫为尼的真正原因如何，都只是让人们在回顾这段历史时，徒增几声感叹而已。

唐太宗修改国史之谜

　　唐太宗李世民是唐代开国君主李渊的第二个儿子，是唐代难得的治国之君。在其统治期间，唐太宗知人善任，察纳雅言，执法慎刑，重农恤民，使国家形成了历史上人人称道的"贞观之治"局面。他的雄才伟略、勤于政事甚为后人称道。但即使是这样一位旷世圣人，他的一生仍是有很多瑕疵的，"玄武门兵变"内情历来让人生疑，而他后来的修改国史也为后人议论不休。

　　那么，李世民为什么要修改国史呢？对此，史学家们有不同的说法。《新编中国历朝纪事本末·隋唐卷》是这么写官修正史的——设史馆修前朝史制度的确立是在唐初李世民统治的贞观时期。贞观君臣为了唐朝的"长治久安"，十分注意"以古为镜"，总结历史成败的经验教训，尤其注重隋亡的教训。鉴于武德年间萧等人尚未修成前朝著史，唐太宗深感改组旧史馆、建立一套新制度的必要。

　　贞观三年（公元629年），太宗下令在中书省特置秘书内省专门负责修撰前五代史。同年闰十二月，太宗又下令将史馆移入禁中，设于门下内省北面，由宰相监修。从此以后，原著作者不再具有修史职责，史馆成为皇帝直接控制的门下省的一个常设机构，专门负责修撰当朝国史。

还有一种说法认为，唐太宗的皇位并不是由合法继承得到的，而是其杀兄逼父的结果。这一行为不合乎封建法统和封建伦理，在封建统治者看来，也就不能贻示子孙，垂为法诫。因此，唐太宗夺得皇位之后，就着手修改国史，为自己辩护。这种说法认为贞观史臣在撰写《高祖实录》和《太宗实录》时，大肆铺陈太宗在武德时的功劳，竭力抹杀太子建成在唐朝创建过程中的功绩并极力贬低高祖的作用。但是这样仍不足以说明太宗继承皇位的合法性，于是他们又把修改国史

↑　唐太宗李世民画像

的着眼点放在晋阳起兵的密谋上面。他们把晋阳起兵的密谋杜撰为太宗的精心策划，而高祖则完全处于被动地位，其目的在于把太宗说成是李唐王业的真正奠基人，使其皇位的获得近似于汉高祖自为皇帝而尊其父为太上皇那样的合法性。

唐太宗究竟出于何种动机要修改国史？这个问题迄今为止仍未有确定的答案，给历史留下了一桩疑案。

后周世宗柴荣出身之谜

　　后周世宗柴荣在位时间仅 5 年零 6 个月，但他进行了一系列的改革，如加强中央集权，增强军事实力，试图统一中国。他整顿内政，疏通汴水，贩济淮南，均定田租，取得了很大成就。他之所以能这样做，与其出身商人并长期行商有关。

　　后周世宗柴荣是五代时期一位较有作为的政治家，他奠定了后来北宋开国皇帝赵匡胤统一全国的基础。根据新、旧《五代史》相关本纪的内容，我们只知柴荣很小的时候侍奉圣穆皇后，因而得以经常与后周太祖郭威在一起。由于郭威没有儿子，而柴荣这个人又敦厚可爱，郭威就收他为养子。然而柴荣自己的家庭出身究为如何？长期以来，这个问题一直成为困扰学术界的一个谜团。

　　郭威的圣穆皇后是柴荣的姑姑，因此郭威实际上是收养了自己的内侄为子。柴荣的父亲是柴守礼，长期以来一直定居于洛阳。仗着自己与皇家的关系，柴守礼十分蛮横，还曾经在市里杀人，洛阳人特别怕他。一些人认为柴守礼由于自己是国舅兼皇父的特殊身份和政治地位才敢这样做，同时也是他作为地方豪强横行乡里旧态的复发。

　　唐代后期的豪绅大致可分成三种：一种是具有优越政治地位的贵族

或官僚；一种是占有大量土地的地主豪强；另一种是拥有大量货币财富或大量动产的富商。柴荣家里的情况属上面的第三种，这是个牟取货币财富为主要目的的富商家庭。因为郭威之妻柴氏嫁给郭威后，曾用大量的金、帛资助郭威，她拥有雄厚的资财，这正是富商拥有财产的特点。柴氏早年要跟郭威结婚，家里父母反对，柴氏自作主张，坚持要嫁给郭威，其父母最后只能同意。在处理家里的财物上，柴氏出嫁时把一半财产分给父母，另一半留给自己，掌握着财产的分配权。在当时贵族、官僚、士人家庭和一般农家的女子，女孩子往往在财富和婚姻问题上任人摆布，而柴氏敢作敢为，有见识，掌握家庭财权，拥有特殊地位，看上去这样的家庭很像是商人家庭。柴氏只有一个哥哥，而柴守礼似乎只有一个儿子柴荣，柴守礼会将自己唯一的儿子过继给柴氏，这说明柴氏在家里很有地位。家庭成员内部关系，绝不会是贵族、官员的家庭，而很有可能是一个富有财产的商人家庭。邢州自古以来多富商，柴氏祖上一直生活在邢州龙冈，至五代时柴家在邢州已生活了好几代，看上去完全是一个世代经商的家庭。

柴荣早年长期经商。《旧五代史》说他"悉心经度，货用获济"，其实就是讲他经商赚了很多钱，满足了郭威需用的资金财物。从《五代史补》等看，柴荣不仅仅是一般性地从事过经商，而且还是一个精通此道的大商。他曾经与邺中大商颇跌氏一起到江陵贩卖茶叶。半路上两人碰到了一个王处士，遂让他看相。王处士说柴荣有当皇帝的相，柴荣认为王处士无非在吹牛。他与颇跌氏喝酒时说："王处士认为我能当皇帝，如果真的当了，你想要什么官？"颇跌氏说："我已经做了三十年的商贾，常常来往京洛，一直见到税收官坐而获利，每天输纳进去的税收，可以和商贾数月所赚的利润相匹敌，我内心十分羡慕这个官职。如果你能做皇帝，

↑ 后周世宗柴荣画像

我想要做个京洛税官。"这个故事发生的时候柴荣估计在20岁上下，而邺中大商颇跌氏起码有50岁左右了。两人年龄差别很大，而文中两人的地位好像十分平等，所以柴荣在这里不可能是颇跌氏的从属，而是两个同路到产茶区收购茶叶的商人。颇跌氏是个年高多财的大商，柴荣能与他一起经商，其经营的规模当与其相仿。

一些专家推断，柴荣约在十五六岁时就开始经商，协助或参加了姑母的经商活动，至26岁那年出任军职，柴荣的经商生涯持续了10年左右。柴荣的经商其实是柴氏家族世代从商的延续。

正由于柴荣出身于商人，活动区域很广，接触社会各个方面比较广泛，对政治、军事、经济形势变化十分敏感。他的行商经历对他认识社会，体察民间疾苦，了解吏治腐败以及增长实际才干，都起到了相当大的积极作用。

宋太祖为何暴死

　　赵匡胤于公元 960 年发动陈桥兵变，黄袍加身，做了 17 年皇帝，到公元 976 年便撒手归西了，正史中没有他死亡的明确记载，《宋史·太祖本纪》中的有关记载也只有简单的两句话："帝崩于万岁殿，年五十。""受命杜太后，传位太宗。"因此他的死一直是一个不解之谜，为历史留下了又一桩悬案。一种意见是，宋太宗"弑兄夺位"。持此说的人以《续湘山野录》所载为依据，认为宋太祖是在烛影斧声中突然死去的，而宋太宗当晚又留宿于禁中，次日便在灵柩前即位，实难脱弑兄之嫌。蔡东藩《宋史通俗演义》和李逸侯《宋宫十八朝演义》都沿袭了上述说法，并加以渲染，增添了许多宋太宗"弑兄"的细节。

　　另一种意见认为，宋太祖的死与宋太宗无关，持此说的人引用司马光《涑水纪闻》的记载为宋太宗辩解开脱。据《涑水纪闻》记载，宋太祖驾崩后，已是四鼓时分，孝章宋后派人召太祖的四子秦王赵德芳入宫，但使者却径趋开封府召赵光义。赵光义大惊，犹豫不敢前行，经使者催促，才于雪下步行进宫。据此，太祖死时，太宗并不在寝殿，因而不可能"弑兄"。毕沅《续资治通鉴》即力主这一说法。还有一种意见，虽没有肯定宋太宗就是弑兄的凶手，但认为他无法开脱抢先夺位的嫌疑。

↑ 宋太祖赵匡胤画像

在赵光义即位的过程中确实存在一系列的反常现象，即据《涑水纪闻》所载，宋后召的是秦王赵德芳，而赵光义却抢先进宫，造成既成事实。宋后女流，见无回天之力，只得向他口呼"官家"了。

《宋史·太宗本纪》也曾提出一串疑问：太宗即位后，为什么不照嗣统继位次年改元的惯例，急急忙忙将只剩两个月的开宝九年改为太平兴国元年？既然杜太后有"皇位传弟"的遗诏，太宗为何要一再迫害自己的弟弟赵廷美，使他郁郁而死？太宗即位后，太祖的次子武功郡王赵德昭为何自杀？太宗曾加封皇嫂宋后为"开宝皇后"，但她死后，为什么不按皇后的礼仪治丧？

上述迹象表明，宋太宗即位是非正常继统，后人怎么会不提出疑义呢？

近年来，学术界基本上肯定宋太祖确实死于非命，但有关具体的死因，则又有一些新的说法。一是从医学的角度出发，认为太祖死于家族遗传的躁狂忧郁症。一说承认太祖与太宗之间有较深的矛盾，但认为"烛影斧声"事件只是一次偶然性的突发事件。其起因是太宗趁太祖熟睡之际，调戏其宠姬花蕊夫人费氏，被太祖发觉而怒斥之。太宗自知无法取得胞兄原谅宽恕，便下了毒手。纵观古今诸说，似乎都论之有据，言之成理，然而有关宋太祖之死，目前仍未找到确凿的材料。

宋太宗继位之谜

开宝九年（公元 976 年）十月十九日夜，宋朝的缔造者太祖赵匡胤忽然驾崩，年仅 50 岁。二十一日，晋王赵光义即位，这就是太宗。太祖英年早逝，太宗继位又不合情理，于是引出一段千古之谜。

太祖之死，蹊跷离奇，但太宗抢在德芳之前登极却是事实。太宗的继位也就留下了许多令人不解的疑团，因此，历来便有太宗毒死太祖之说。太祖本人身体健康，从他生病到死亡，只有短短两三天，可知太祖是猝死的，而赵光义似乎知道太祖的死期，不然他不会让亲信程德玄在府外等候。

太祖不明不白地死后，太宗为了显示其即位的合法性，便抛出了其母杜太后遗命的说法，即所谓的"金匮之盟"。杜太后临终之际，召赵普入宫记录遗命，据说当时太祖也在场。杜太后问太祖何以能得天下，太祖说是祖宗和太后的恩德与福荫，太后却说："你想错了，若非周世宗传位幼子，使得主少国疑，你怎能取得天下？你当吸取教训，他日帝位先传光义，光义再传光美，光美传于德昭，如此，则国有长君，乃是社稷之幸。"太祖泣拜接受教训。杜太后便让赵普将遗命写为誓书，藏于金匮之中。

↑ 宋太宗赵光义画像

然而，由于年代久远，"金匮之盟"的重重迷雾也未能揭开，后人推测是太宗和赵普杜撰出来以掩人耳目的。那么，到底太祖是否有传位光义之意呢？据说太祖每次出征或外出，都让光义留守都城，而对于军国大事光义都参与预谋和决策。太祖曾一度想建都洛阳，群臣相谏，太祖不听，光义亲自陈述其中利害，才使得太祖改变主意。光义曾患病，太祖亲自去探望，还亲手为其烧艾草治病，光义若觉疼痛，太祖便在自己身上试验以观药效，手足情深，颇令人感动。太祖还对人说："光义龙行虎步，出生时有异象，将来必定是太平天子，福德所至，就连我也比不上。"有人便以此推测太祖是准备将皇位传给弟弟光义的。但是，这样的说法难以经得住推敲，无非是后人的臆测而已。

姑且不论太宗是否毒杀太祖，是否编造"金匮之盟"，这种兄终弟及的皇位继承方式与传统的父子相传相比，可谓名不正，言不顺。因此，太宗继位后首先要采取系列措施来安抚人心，巩固帝位。

成吉思汗死因与陵墓之谜

一、成吉思汗死因之谜

1. 坠马说

《元朝秘史》记载:"成吉思既住过冬,欲征唐兀。重新整点军马,至狗儿年秋,去征唐兀,以夫人也遂从行。冬间,于阿儿不合地面围猎,成吉思骑一匹红沙马,为野马所惊,成吉思坠马跌伤,就于搠斡儿合惕地面下营。次日,也遂夫人对大王并众官人说:'皇帝今夜好生发热,您可商量'。"

"唐兀"是当年蒙古人对西夏人的叫法;"狗儿年"是宋理宗宝庆二年(公元1226年)。这里交代一个史实,成吉思汗于公元1226年秋天,带着夫人也遂去征讨西夏国。冬季时,在一个叫阿儿不合的地方打猎。没想到他骑的一匹红沙马,却被一匹野马惊了,导致没有防备的成吉思汗坠落马下受伤,当夜就发起了高烧。公元1227年七月"不豫",病枢即在此。为什么一次坠马伤得如此严重?据说是流血太多。

当时,也遂请随从的将领商议这事怎么办,有人建议反正西夏城池都在,一时半会也逃走不了,干脆回去养伤,等好了再来攻打。成吉思汗一生要强，心想如果这样回去会让西夏人笑话。于是，成吉思汗派员去西夏国探听情况时，正好西夏一位叫阿沙敢不的大臣讥笑他：有本事你就来过招。成吉思汗听说后，表示宁死不退兵，遂挺进贺兰山，将阿沙敢不灭了。但此后，成吉思汗的伤病一直未好，反而加重，到公元1227年农历七月十二病逝。如果当时成吉思汗回去了，这病根子也许就不会落下了。

2. 雷击说

这种说法似乎比较离谱。出使蒙古的罗马教廷使节约翰·普兰诺·加宾尼在其文章中称，成吉思汗有可能是被雷电击中身亡。约翰·普兰诺·加宾尼当时到达蒙古国时，发现夏天雷电伤人事故频发，"在那里却有凶猛的雷击和闪电，致使很多人死亡"。因为这个原因，蒙古人很怕雷电。南宋彭达雅所著《黑鞑事略》记载："鞑人每闻雷霆，必掩耳屈身至地，若躲避状。"约翰·普兰诺·加宾尼为葡萄牙人，公元1245至1247年，由教皇诺森四世派遣而来，回去后向教皇提交了题为《被我们称为鞑靼的蒙古人的历史》的出使报告。约翰·普兰诺·加宾尼来时距成吉思汗死亡只有18年，比马可·波罗早30年，记叙并非无稽之谈。

3. 中毒说

这种说法来源于《马可·波罗游记》。马可·波罗是13世纪意大利商人，于公元1275年到达中国。其时正是元世祖忽必烈当政时期，与元朝有过17年的交往。他在游记中记叙了成吉思汗的死因：在进攻西夏时，围攻太津，成吉思汗膝部不幸中了西夏兵士射来的毒箭。结果可想而知，毒箭攻心，伤势益重，一病不起。但是，民间另有传说，成吉

← 成吉思汗画像

思汗是"中毒"而死，但却不是中了西夏兵士的毒箭，而是让被俘虏的西夏王妃古尔伯勒津郭斡哈屯下了毒，当时这位西夏王妃乘陪寝之机下的毒。

4. 被刺说

这种说法与前述被俘西夏王妃古尔伯勒津郭斡哈屯有关，是下毒说法的另一个版本。在蒙古民间传说，成吉思汗的军队进攻西夏的过程中，兵士俘虏了很漂亮的西夏王妃古尔伯勒津郭斡哈屯，进献给成吉思汗。就在陪寝首夜，这位西夏王妃行刺了放松警惕的成吉思汗。被刺一说，源于成书于清朝康熙元年（公元1662年）《蒙古源流》。此书很珍贵，100年后，即公元1766年蒙古喀尔喀部亲王成衮扎布作为礼物，将此书手抄本进献乾隆皇帝。乾隆令人将其译为满、汉两种文本，并题书名《钦定蒙古源流》，收入《四库全书》。总之，成吉思汗被刺一说是有很高的可信度的。

目前，史学界和考古界对于成吉思汗的死因，大多倾向于《蒙古源流》上的记载。

二、成吉思汗陵墓之谜

成吉思汗墓地之所以成为难解之谜，与蒙古族独特的丧葬习俗有直接关系。蒙古族的王公贵族死后，大多进行秘密潜埋。据史书记载，蒙古族王公贵族死后，遗体被装入凿空的粗木之中深埋地下，当着母骆驼的面杀死子骆驼，然后放马将留有子骆驼血迹的地面踏平，再派兵守护，直到长出青草，地面毫无异样之后才撤兵而去。如果此后要到墓地祭祀，则由母骆驼引路。母骆驼悲鸣的地方，就是墓地。有学者认为，成吉思汗可能就是这样安葬的。

对于成吉思汗墓地的具体位置，多年来大致有四种说法。

1.蒙古国境内的肯特山

有关史料记载，成吉思汗生前某日，曾经在肯特山上的一棵榆树下静坐长思，而后忽然起立，对手下随从说："我死后就葬在这里。"南宋文人的笔记中也记载，成吉思汗当年在西夏病逝后，其遗体被运往漠北肯特山下某处，在地表挖深坑密葬。其遗体存放在一个独木棺里。所谓独木棺，是截取大树的一段，将中间掏空做成棺材。独木棺下葬后，墓土回填，然后"万马踏平"。

2. 内蒙古鄂尔多斯市鄂托克旗境内

2003年7月，有人称在鄂尔多斯西面鄂托克旗的阿尔寨石窟发现成吉思汗活动的遗迹。那里有高约80米、长达300米的砂岩平顶山。山上有近百个已遭严重破坏的石窟。而要说这里就是成吉思汗陵，却明显证据不足。

3. 新疆北部阿勒泰山

此说依据是一些考古专家在该地发现了一座人工改造的大山，据此推测有可能是成吉思汗的葬身陵墓。佐证之一是马可·波罗在他所著的《马可·波罗游记》中写道："在把君主的灵柩运往阿勒泰山的途中，护送的人将沿途遇到的所有人作为殉葬者。"

4. 宁夏境内的六盘山

持此说者认为，成吉思汗于1227年盛夏在攻打西夏时死于六盘山附近。按照蒙古族过去的风俗，人去世3天内就应该处理掉，或者天葬，或者土葬，或者火化，为的是使尸体不会腐烂，灵魂能上天堂。因此，成吉思汗去世后就地安葬的可能性很大。

成吉思汗究竟葬于何处？这至今还是一个待解之谜。

朱元璋殉葬妃嫔是怎么死的

中国古代帝王陵墓制度里，最残忍的就是殉葬。考古专家们在山东益都苏埠屯一个普通小王的墓里，就发现了 39 具殉葬人骨架或者头骨。后代的帝王们意识到了这个殉葬制度的不人道，于是用俑来代替……但1398 年，历史倒写，朱元璋死后，那些还没来得及生育的可怜妃嫔，就被告知要陪皇帝殉葬。殉葬妃嫔怎么死的？

洪武二十八年（公元 1395 年），朱元璋的次子秦王朱樉死后，朱元璋就命人以两名王妃殉葬，以陪伴自己躺在地下孤独的儿子。洪武三十一年（公元 1398 年），朱元璋死后，他的孙子朱允炆继位，朱允炆遵遗诏、依古制，凡没有生育过的后宫妃嫔，皆令殉葬。但是当时场面混乱，加上负责此事的官员出于某种不可告人的目的，就是已经生育过的妃嫔，也有不少在陪葬之列。"这些殉葬的妃嫔叫朝天女"。

明孝陵的妃嫔、宫女是怎样殉葬的？研究专家们也比较有争议。

第一种说法是上吊死的。

明史研究专家马渭源就认为是上吊死的。"朱元璋死后，那些没有生育的妃子，都得到了上面的命令，要上吊自杀。"殉葬那天，所有被列入殉葬名单的宫女和妃嫔都被集中到一个屋子。这个屋子里安放了一

↑ 明太祖朱元璋画像

把把太师椅，每个太师椅的上方都悬挂着七尺白绫。宫女妃嫔们在侍臣和太监的逼迫下，无奈地站到太师椅上，然后将自己的头伸进了那早已系好的套扣……当然，有的宫女会被这样的场面吓呆了，颤抖地坐在了地上，这个时候那些太监就开始发挥他们的作用，他们几个人扶持着，强行把宫女扶上太师椅，然后把那个套扣套在了宫女的头上，随后搬走了椅子。

第二种说法是灌水银。

还有一种说法认为，宫女妃嫔的体内注入了水银。为了保证陪葬的宫女妃嫔容颜不变，有人想出了一个恶毒的方法，就是在她们的体内注入水银。这个建议被那些执行命令的侍臣和太监采纳，于是他们在给那些陪葬的宫女妃嫔的茶杯中下了"安眠药"之后，这些人很快就睡着了。等到她们一睡着，那些太监就开始往她们的体内注入水银，这样这些陪葬的人就一"睡"不起了。

这种灌水银的死法，马渭源认为，没有必要。"不过，明代文人笔记里面写到，在明代确实有人被灌水银而死的。被灌水银的人，先是被一种中药熏得失去了知觉，然后，在头部切开一块，执行人手持铜勺，而不是像现在这样用针管，往切开的部位里面倒水银。"马渭源强调，古代文人写这种刑法都是非常意会的，并没有交代细节，但可以想象，这种死法是"惨不忍睹"的。

建文帝的下落之谜

　　明太祖朱元璋死后，燕王朱棣于建文元年（公元1399年）以"清君侧"的名义举兵反抗朝廷，至建文四年朱棣由燕王荣登皇位而结束，历时4年。就在朱棣攻入南京时，皇宫已是一片大火，建文帝下落不明。此后，有关建文帝已经出逃的传闻颇多，明成祖对此总是不放心，这件事也几乎成为他的一块心病。数百年来，建文帝的下落也是一桩争论最多的历史悬案。综合各家说法，主要有"焚死"说和"逃亡"说两种。

　　一种说法认为建文帝是自焚而死的。

　　据永乐年间修撰的《明太祖实录》中记载，燕王朱棣发动"靖难之役"，经过4年的征战，燕王获得全胜，建文四年（公元1402年）6月13日，燕王统领大军开进南京金川门。当燕王军队进入皇宫时，宫中已是一片火海，建文帝也没了踪影。与此同时，建文帝所使用的玉玺也毫无踪影。正史记载建文帝死于宫中的大火中。《太宗实录》卷九记载："上（即明成祖朱棣）望见宫中烟起，急遣中使往救，至已不及。中使出其尸于火中，还白上，上哭曰：'果然，若是痴耶！吾来为扶翼不为善，不意不谅而遽至此乎！'……壬申，备礼葬建文君，遣官致祭，辍朝三日。"

　　明仁宗朱高炽御制长陵后碑也说，建文帝殁后，成祖备以天子礼仪

↑ 明成祖朱棣画像

殡葬。成祖后来在给朝鲜国王的诏书中记载，没想到建文帝在奸臣的威逼下纵火自杀。但是，太监在火后余烬中多次查找，只找到马皇后与太子朱文奎的遗骸，建文帝是活是亡无从得知。燕王为让天下知建文帝已自焚，曾作有祭文，但其坟墓在什么地方，无人可知。明末崇祯帝就曾说过：想给建文帝上坟，却不知在何处。另一种说法是在南京攻破之时，建文帝曾想自杀，但在其亲信说服下，削发为僧，从地道逃出了皇宫，隐姓埋名，浪迹江湖。明成祖死后，他又回到京城，死后葬于京郊西山。

朱棣登位后，感到生死未卜的建文帝对他有一种无形的压力，因此多次派心腹大臣到处访问。永乐年间郑和下西洋的陪同官员中，有不少锦衣卫士，这显然就是用于暗中察访建文帝的。明成祖曾向天下寺院颁布《僧道度牒疏》，将所有僧人名册重新整理，对僧人进行了一次全方位的调查。从永乐五年（公元1407年）起，还派人以寻访仙人张邋遢为名到处查找，涉及大江南北，前后共20余年。

民间传言中，在许多地方都有建文帝的踪迹与传说。有的说建文帝先逃到云贵地区，后来又辗转到了南洋一带，直到现在，云南大理仍有人以惠帝（建文帝）为鼻祖。也有现代学者认为，当年建文帝潜逃后，曾藏于江苏吴县鼋山普济寺内，接着隐匿于穹窿山皇驾庵，于永乐二十一年（公元1423年）在此病亡，埋于庵后小山坡上。至于建文帝的下落到底如何，以上两种说法都无法给出令人满意的答案。

明代宗朱祁钰是怎么死的

　　"土木之变"后，瓦剌首领也先挟持着明英宗，不断骚扰边境。国家正处于危难之秋，人心惶惶，必须另立一个皇帝以安定人心，于是群臣请太后正式宣布代英宗王朝的朱祁钰做皇帝，改称被俘虏的明英宗为太上皇。太后见英宗归回无望，便下旨：皇太子幼小，王宣早正大位。这样，朱祁钰才即位称帝，是为明代宗。

　　朱祁钰正式登基称帝后，面对内忧外患，决心振兴祖业。对于也先的袭扰，他抛弃了议和求生存的念头，采纳了兵部侍郎于谦的建议，做好抵御也先入侵的准备。招募丁勇，集合民夫，操练军队，动员百姓，并令各地明军增援京城。后来经过 5 天的激战，使来犯也先的瓦剌军死伤惨重，溃败回去，北京城保卫战取得了辉煌的胜利。也先见明朝边疆和京师防守力量增强，无机可乘，以英宗相要挟的阴谋也无法实现，又想与明廷讲和，只得将英宗送回北京。英宗被安置到南宫，远离朝政，做他的太上皇去了。朱祁钰对内则实行开明政治，广开言路，招贤纳士。当时黄河连年决口，许多省都受灾，朱祁钰又采取宽恤政策，减轻赋税，赈济灾民，并派人疏浚河道，固堤筑堰，取得了治黄的成功。经过两年的整治，国家出现了稳定的局面。

　　朱祁钰当了皇帝，而太子却是英宗之子朱见深，这使他心理极不平衡，为什么不及早立自己的儿子朱见济为太子呢？于是，在景泰三年五月的一天，他下诏废太子朱见深为沂王，立朱见济为皇太子。此举引起了轩然大波，加剧了朱祁钰与一些大臣们的矛盾，朝臣之间也迸发出火药味。

原来，在朱祁钰准备立朱见济为太子的时候，就遭到了许多人的反对。他的夫人汪皇后带头反对，被他当即废掉，立朱见济的生母杭妃为皇后。他还赏赐给内臣每人 50 两黄金，50 两白银，以堵住反对者之口。但是这些人当面不说，心里却一直不满。一年之后的十一月，太子不知得了什么病，竟不治而亡。这些人趁机联名上书，奏请复朱见深太子之位。朱祁钰丧子之痛尚未消解，一怒之下，让锦衣卫将带头的御史锺同、礼部大臣章纶投入监狱，打个半死。朱祁钰只有朱见济一个儿子，如今儿子死了，他又无意让朱见深重登太子之位。此事就压了下来，不再提起。

谁知祸不单行。景泰八年，朱祁钰突然病倒，病势很重，"易位"之事又提到了议事日程上来。群臣们私下议论不休。武清侯石亨、宦官曹吉祥都主张重立朱见深为太子。大臣徐有贞认为，不如趁朱祁钰正在病中，发动宫廷政变，让太上皇英宗复位，将来论起迎复之功，肯定能加官晋爵。野心勃勃的石亨和曹吉祥眼睛为之一亮，顿时赞同。于是分头准备，策划复辟。

奉天殿里，文武百官正在朝堂等候皇帝视朝。忽然，徐、石带兵赶到，将英宗扶上王位，大呼"上皇复辟了"。众臣无奈只得列班朝贺。这场"夺门之变"就这样成功了。

英宗复辟后，废朱祁钰为王，把朱祁钰重用的大臣都逮捕入狱。于谦被杀。石亨、徐有贞等大受宠幸。

几天以后，朱祁钰在西宫也死了。有人说是被害死的，但无从查证，成了千古疑案。明朝振兴的希望至此破灭了。

孝庄太后下嫁多尔衮之谜

公元 1644 年，皇太极驾崩。一场激烈的皇位之争展开了。有实力的竞争者有三个人：长子肃亲王豪格、皇太极十四弟睿亲王多尔衮和第九子福临。其中豪格和多尔衮都是拥有实力的亲王，得到八旗部队中半数的支持。这时福临的生母博尔济吉特氏看中了两红旗旗主礼亲王代善的辈分和威望，认为他具有能够左右大局的力量，便紧紧拉住代善，使两红旗长支持福临。然后又将镶蓝旗拉至麾下。最后，使多尔衮改变初衷，拥戴福临。幼主福临即位后，多尔衮把持国柄，成为摄政王。

《清朝野史大观》这样记载：多尔衮还以顺治的名义向天下颁布诏书："皇叔摄政王现在是单身，他的身份、地位和相貌，皆为国中第一人，太后非常愿意放弃自己的地位嫁给他。"因此"太后下嫁"之说自明末清初即已流传，清末排满时重又复炽。

至于太后下嫁皇叔多尔衮，一直以来，史学界有着各种不同的看法。有的根本就不承认此事；有的说这件事是千真万确，也是符合满族传统的。满族入关前由奴隶制向封建制迅速过渡，但还保留着兄死则妻其嫂等遗俗，而且博尔济吉特氏既然要为自己的亲生儿子谋皇位，扩大政治势力是其必由之路，因此用新的联姻来扩大自己的势力还是符合情

↑ 孝庄文皇后画像

理的。至于下嫁时的规模怎么样，有没有向天下颁发诏书，这还需要进一步的考证。一些颇具历史价值的史书确切地记载了这件事。清蒋良骐在《东华录》中记载说，多尔衮"自称皇父摄政王，又来到皇宫内院"。假如太后没有嫁给他，假如他没有以皇父的身份对待顺治帝，那么，他经常出入内院，恐怕是皇室宗亲所不能答应的。而且，多尔衮死后，朝廷破格追封他为诚敬义皇帝。

朝鲜《李朝实录》对此事也有记载。书中说，顺治六年二月，清廷曾派使臣到朝鲜递交国书。朝鲜国王李从见国书中将多尔衮称为皇父摄政王，便问道："贵国咨文中有皇父摄政王的称法，这是什么意思？"使臣回答："去掉'叔'字，是朝中可喜可贺的事啊。他和皇帝就成了一家人。"

《清圣祖实录》记载说，康熙二十六年十二月，孝庄文皇后得了重病，即将死去时，孝庄文皇后对康熙说："太宗文皇帝梓宫，安放在那里已很长时间了，不可因为我而去打扰太宗皇帝的安息。我迷恋你父皇、皇父及你，不忍远去，所以在附近选一块地安葬就行了。这样，我也没什么可以遗憾的了。"清朝讲究帝后合葬，显然，孝庄文皇后是觉得下嫁皇叔多尔衮，愧对太宗，于是就借口说不愿葬得太远，单独就近安葬。孝庄文皇后的要求不合情理，但作为孙子的康熙是亲耳听到孝庄文皇后的遗言的，当然得遵守，于是他把孝庄的灵柩停放在东陵。到了雍正继承皇位时，才将灵柩葬入东陵地宫。

南明弘光政权的兵部尚书张煌言在《建州宫词》中也讲述了这样一件事实："上寿称为合卺樽，慈宁宫里烂盈门；春宫昨进新仪注，大礼恭逢太后婚。"这事在当时很可能是尽人皆知的，否则，张煌言也不会这样撰写。四川师范学院图书馆收藏着一部《皇父摄政起居注》，注后有刘文兴写的跋。跋称："清宣统初年，内阁库坦妃，家君刘启瑞当时是阁读，奉命检阅库藏，得顺治时太后下嫁皇父摄政王诏。"于是，这件事便在整个朝野传开了。

另一方面，20世纪30年代，明清史大师孟森著《太后下嫁考实》，力辩此事全无。也有学者认为张煌言诗，不能作为太后下嫁确证。其诗系远道之传闻，故国之口语，诗非信史，不足为凭。而蒋氏《东华录》所记"皇父"，是清君主对某个臣下的尊称，或是清世祖封多尔衮为"皇叔父"后因其定鼎功勋显著，无可晋爵，乃以"皇父"为封。"皇父"之于皇帝仍为臣下。而满族旧俗有直呼尊者为父之例，多尔衮前封"皇叔父摄政王"，满文直译为"汗（君）的叔父父王"，因此这并不表明多尔衮为福临的皇父。

综上所述，孝庄太后下嫁多尔衮是否确有其事，目前难以作出定论，只待新的材料发现和新的研究工作展开，才能解开谜团。

雍正皇帝继位之谜

　　清康熙帝驾崩以后，第四皇子胤禛在激烈的皇位争夺中登上了皇帝的宝座，这就是历史上有名的雍正帝。但雍正帝究竟如何嗣位至今仍是一个谜，是按遗诏之言登位还是篡位，众说纷纭。

　　官书中记载，康熙六十一年（公元1722年）十一月冬至（初九）前，胤禛奉命代祀南郊。当时，康熙患病住在畅春园疗养，"静摄"政权。胤禛请求侍奉左右，但康熙因祭天是件大事，命他在斋所虔诚斋戒，不得离开。到了十一月十三日，康熙的病情突然恶化，这时才不得不破例把胤禛召到畅春园来。而未到之前，康熙命其他几位皇子，胤祥和理藩院尚书隆科多至御榻前，向他们

↑　清雍正帝画像

宣布："皇四子胤禛人品极好，令人敬重，与朕很相似，因此他肯定能够继承大统，继承皇位。"此时，恒亲王胤祺因冬至奉命在东陵行祭典、胤禄（十六阿哥）、胤礼（十七阿哥）等小皇子都在寝宫外候旨。当胤禛来到康熙面前时，康熙还能够说话，告诉胤禛他的病情日益恶化的原因，但是到了夜里戌时，康熙就归天了。隆科多即向雍正宣布"遗诏"。胤禛听后昏扑于地，痛不欲生，而胤礼等其他兄弟则向胤禛叩头，并劝他节哀顺变，因此雍正就履行新皇帝的职权，主持康熙的丧葬之事。雍正曾特别强调：当日情形，"朕之诸兄弟及宫人内侍与内廷行走之大小臣工所共知共见者"。

从上面的情况来看，雍正的即位是由父皇康熙的寿终正寝后才开始的，是属于正常并且合乎法理的。对此，清代官书众口一词，都是同一个口径。后世有人根据雍正在品格、才干、年龄和气质上的众多特点以及雍正本人在皇宫中深藏不露、暗自修炼多年的特征，康熙对雍正的认识和父子感情基础，当时诸子争储互斗的背景，还有康熙在死之前留下遗诏的在场人物、地点、时间以及情节等来综合分析，认为雍正根据皇父"仓促之间一言而定大计"，是合法即位的。

但是民间传说中，雍正即位却是非法的，是篡位夺权。

早在雍正帝在世时，社会上就盛传：康熙帝要将皇位传给胤禵，在他患病的最后几日，曾经下旨要召胤禵回到京城，但是胤禛的死党隆科多却隐瞒了谕旨。致使康熙去世当日，胤禵不能赶到。隆科多于是假传圣旨，拥立胤禛为皇帝。此所谓"矫诏篡立说"的由来。另外有一种说法，康熙原来就有了手书，要把皇位传给十四阿哥，是胤禛把"十"改成了"于"字，于是遗旨明明传位十四阿哥，却变成了传位于四阿哥，此所谓"盗改遗诏说"的来源。那么，是谁来盗改了这个遗诏呢？有传说是雍正本人改的；有的说康熙把遗诏写在隆科多的掌心，而隆科多将"十"字抹去了；也有的说是由一些雍正府中所收养的武林高手所改写的；又有的说是雍正的亲生父亲卫某参与改的……

还有人认为，康熙原本要在胤禵和胤禛两人中选立皇储，而最终胤禛被选中，胤禵被任命为抚远大将军，确实说明康熙选择皇太子时他是候选人之一。由此可见，雍正是后来居上的皇太子候选人。也有人认为，临终时康熙本想让胤禵继承皇位，但他远在边疆，若将他召回再宣布诏书，在空位阶段必定会引发皇位纠纷，无奈之下只好传位于雍正。

总而言之，雍正继承皇位有着种种让人难以理解的疑点。这些问题使一些清史专家耗费了很多的精力，直到现在也没有能够得到很好的解释。可以说，在没有获得新的可靠材料之前，雍正的即位是否合法，仍然是个谜。这不仅仅是因为雍正在继承皇位上有很多令人费解的问题，而且他即位后的很多言行，尤其是与大肆诛戮贬斥功臣、兄弟、文人等事连在一起，更令人感到疑窦丛生。

乾隆帝是海宁陈氏之子吗

　　清末，上自官僚缙绅，下讫妇孺百姓，几乎人人皆知这么一个传说，清初的某个皇帝是浙江海宁陈家的儿子。这个皇帝是谁呢？有人便说是乾隆皇帝弘历。这一传说也见于一些私家所写的稗官野史之中。《清朝野史大观》卷一《高宗之与海宁陈氏》一文有这样的记叙：雍正帝胤禛当皇子时，与海宁陈氏很好，两家来往频繁。这一年恰巧两家在同月同日同时辰生子。只是胤禛家为女孩，陈家为男孩。胤禛命人抱来看看，但却偷偷把孩子换了。陈家发现孩子被换，大惊失色。但迫于对方权势，不敢追究，也不敢声张。不久康熙去世，传皇位于胤禛。胤禛即位后，陈氏一门数人也都官职显要。以后乾隆帝即位，对陈氏更是礼遇有加。乾隆6次南巡江浙，其中4次都到过海宁陈家，最后一次临走时步至中门，对陈氏说："以后若非皇帝亲临，这门不要轻易打开。"从此这座门就再也没被打开过了。

　　持上述观点之人还提出另外一些证据，海宁陈氏的宅堂中有两方皇帝亲笔书写的匾额，一方题为"爱日堂"，一方题为"春晖堂"。"爱日"一词，是从汉辞赋家杨雄《孝至》一文"孝子爱日"中来的，后世把儿子侍奉父母之日叫爱日。"春晖"一词是从唐代孟郊《游子吟》"谁言寸草心，报得三春晖"的诗句中来的，后人常以春晖来比喻母爱。这两方匾额的题词内容都有儿子尊敬和孝顺父母的意思。后来，与海宁陈氏的儿子相交换的那个女孩便在海宁陈家成长，到了婚嫁年龄便嫁与江苏常熟蒋氏，蒋氏专门为她筑了一座小楼，后世称之为"公主楼"。这些史料更让人坚信乾隆是汉人之子。

然而，也有人提出了反对的意见。雍正帝有皇子10个，公主6个。乾隆帝是其第四子，推及情理根本没有把别姓的孩子换来当自己孩子来继承皇位的必要性。这是最有说服力的论证。

其次，从清代皇帝与海宁陈氏的关系来看，纯是君臣友谊。陈氏是清初的名门望族，在康熙、雍正、乾隆三朝，陈家历代都仕途通达，官居高职，煊赫一时。雍正初年，为了满足钱塘江下游经济发展和人民生活的需要，大举修建浙江海塘。但雍正帝忙于政务，而且海潮冲刷堤岸的危害还未到十分严重的程度，因此未能亲自前往。乾隆即位后，对这项工程非常重视，数次南巡，有4次来到海宁勘察，那么既到海宁，总得有个合适的住所，而陈氏是康、雍、乾三朝宰辅，其家园是海宁名胜，亭台楼榭，花木扶疏，自然就成为接驾驻跸之处。这个园子本叫"隅园"，后来乾隆帝把它改名为

↑ 清乾隆帝画像

"安澜园"。"安澜"即水波不兴之意，由此也可以看出，乾隆帝临视海宁，是为了巡视海塘工程，而不是为了探视父母。

至于那两块匾额，据史学家孟森考证，清国史馆编纂的《陈元龙传》中说：康熙三十九年（公元 1700 年）四月，康熙在便殿召见群臣，说："你们家中各有堂名，不妨当场写给我。我写出来赐给你们。"陈元龙奏称，父亲年逾八十，故拟"爱日堂"三字。《海宁州志》还提到，康熙五十四年六月，因陈元龙胞弟陈维坤的妻子黄氏寡 41 年，便御书"节孝"两字赐之，又赐以"春晖堂"匾额。这就是说，两方匾额的题词，是康熙帝根据臣下的请示书写的，与孝敬父母的意思根本没有任何联系。因而，说乾隆是汉人之子只是无稽之谈。

《清宫词》中有一首词说："冕旒汉制终难复，曾向安澜驻翠蕤。"词中暗指乾隆与海宁陈氏关系，然而，这其中关系究竟怎样，乾隆身世究竟如何只能成为未解之谜了。

东太后慈安暴卒之谜

　　在清朝的历史上，作为两宫皇太后之一的东太后慈安是与西太后慈禧一样举足轻重的人物。然而光绪七年三月初十日（公元 1881 年 4 月 8 日），一向健康无病的东太后慈安在 12 小时内竟突然发病暴卒，实在出人意料。从此，慈安之死成为清宫的一件疑案。

　　东太后慈安，姓钮祜禄，谥孝贞显皇后，为满洲镶黄旗人，于道光十七年七月十二日（公元 1837 年 8 月 12 日）出生，其父穆扬阿，曾任广西右江道。咸丰为皇子时，钮祜禄氏就已经是他的侧福晋。由于他的嫡福晋（萨克达氏，后上尊号孝德显皇后）于咸丰即位前已经去世，钮祜禄氏遂于咸丰二年二月（公元 1852 年 3 月）被封为贞嫔，五月晋贞贵妃，十月又册立为皇后。1861 年 11 月咸丰帝死后，她被尊为母后皇太后，上尊号慈安，与慈禧太后共同"垂帘听政"，众人称她为"东太后"或"老佛爷"，与西太后慈禧相对应。

　　慈安与慈禧形成鲜明的对比，她是位德高望重的好皇后，因此众人痛惜其暴崩，并对其死产生了怀疑。东太后当时 45 岁，"体气素称强健"（孔孝恩、丁琪著《光绪传》)，而当时西太后慈禧正病卧在床。所以听到噩耗，很多朝臣都以为是"西边出事"了，等得知结果后惊诧不已。许多官员提出怀疑，尤其是左宗棠，立即大喊有鬼。翁同龢的《翁文恭公日记》中记载说："则昨日（初十日）五方皆在，晨方天麻、胆星，按云类风痫甚重。午刻一按无药，云兴脑混乱，牙紧。未刻两方虽可灌，究不妥云云；则已有遗尿情形，痰壅气闭如旧。酉刻一方天脉将脱，药不能下，戌刻仙逝云云……呜呼奇哉！"仅12小时便由发病至死，岂不"奇哉"？

← 东太后慈安画像

据说，慈安太后在暴卒的当天还曾经视朝。而当时枢府王大臣奕䜣、大学士左宗棠、尚书王文韶、协办大学士李鸿藻等觐见慈安，都见慈安面无病状，仅是两颊微红，犹如醉色，没有什么特别之处。午后，军机诸臣退，内廷忽传孝贞太后驾崩，命枢府诸人速进议，诸大臣惊诧不已。因为以往帝后生病，总是在军机检视之下传御医用药。而此次忽然传太后驾崩之消息，确实非常奇怪。诸臣入至慈安宫，见慈禧坐矮椅，目视慈安小殓，十分镇静地说："东太后素来健康，怎会突然死去？"语时微泣，诸臣皆顿首慰藉，均不敢问其症状。最后草草办完了丧事。

根据慈禧以上的表现，人们便认为是慈禧毒死了慈安。而且，传说咸丰帝留给慈安一封密诏，要她必要时处死慈禧。慈安在慈禧的哄骗下焚毁了密诏，把自己对抗慈禧的一件最大的武器也毁了，慈禧便毒死了她。

对慈安太后暴卒的具体原因至今还存在着争议，除中毒之说外，还有自杀、自然死亡等说。"自杀"说来自《清稗类钞》，书中说："或曰：孝钦实证以贿卖嘱托，干预朝政，语颇激。孝贞不能容，又以木讷不能与之辩。大恚，吞鼻烟壶自尽。"《清朝野史大观》里又用"或曰慈禧命太医以不对症之药致死亡"来说明慈安为用"错药致死"。

不管是"毒死一说"还是"自杀"或"错药致死"说，都有一个共同点，即慈禧害死了慈安。不过也有学者认为慈安为"自然死亡"，徐彻的《慈禧大传》则倾向于"病死"说。首先，作者认为慈安不善理政，例如召见臣子时说的话分量不足，只会询问其身体状况、行程远近等等，所以她根本不会妨碍慈禧在政治上的权力，慈禧也没必要害死她。

徐彻提出了《翁同龢日记》中的关于慈安发病的两则记载作为证据。一则是慈安太后 26 岁时曾经患了"有类肝厥"疾病长达 24 天，甚至达到"不能言语"之程度。另一则是同治八年（公元 1869 年）十二月初四日，慈安太后"旧疾发作，厥逆半时许"。"厥症"主要表现为突然昏迷、不省人事、四肢厥冷，轻者昏厥时间较短，重者则会一厥不醒甚至死亡。

但这也只是徐彻的一家之言，至于慈安太后暴卒的真正原因，只能是作为清宫的疑案成为了人们茶余饭后的话题。

同治帝死于何因

清入关后第八代皇帝同治，是叶赫那拉氏（慈禧）于咸丰六年（公元 1856 年）所生，同时也是咸丰皇帝的独子。同治 6 岁时即咸丰十一年（公元 1861 年）登基称帝，同治十二年（公元 1873 年）亲政。但他于同治十三年十二月初五日病逝，此时距其亲政日期不到两年。

对于同治帝载淳的死因，众说纷纭，有的说载淳是死于天花，有的说是死于梅毒。

近来，在清代档案中发现了属于清代皇帝脉案档簿（以下简称"脉案"）的《万岁爷进药用药底簿》一份。

据记载，载淳于同治十三年十月三十日得病卧床。当天下午，太医院判李德立和御医庄守和诊断，结果是："脉息浮数而细。系风瘟闭来，阴气不足，不能外透之症，以致发热头眩，胸满烦闷，身酸腿软，皮肤发出疹形未透，有时气堵作厥。"御医只请第一次脉就能做出上述的明确诊断，主要是因为载淳之病来势很凶，"疹形"表发得较显著。御医对此开出了用生地、元参、牛蒡子、芦根等 12 味药配制的"益阴清解饮"，进行避风调理。同治仅服了一次药，效果便显出来了。第二天早上，夹杂着瘟痘的疹形即透出，也不似昨日那样烦闷堵厥了。但是，疹痘初发，

135

未至出透，致使"瘟热熏蒸肺胃，以致咽喉干痛，胸满作呕，头眩身热，气颤谵言"。御医议用"清解利咽汤"对此进行调理。巳初三刻服药后，效果明显，是日午刻即"脉息浮洪，头面周身疹中夹杂之痘颗粒透出"。

这样，经御医们精心医治护理不足两天，痘颗虽然开始表发了，有些症状也有减退的迹象，但是由于瘟热毒滞过盛，以致头面、颈项发出的痘粒很稠密，而且痘颗颜色紫滞，又有咽痛作呕，身颤口干，便秘溺赤之内症。很明显，痘料透出后过盛的毒滞并没完全随之表发出来，最后用药无效，以致身亡。

根据这些记载，有人便认为同治是死于天花，但这些记载只是宫廷里的片面记载，而民间的大多传闻却说同治帝是死于梅毒。

↑ 清同治帝画像

在一些正规学术著作里都记载着同治帝微服出宫，嬉戏游乐，甚至出入烟馆妓院的故事，如萧一山所著《清代通史》中就有同治因出游而患梅毒终致死亡的记载。

据记载，同治帝与皇后阿鲁特氏相亲相爱，但慈禧太后不喜欢阿鲁特氏。慈禧开始常命皇后等人陪她看戏。但皇后文静、不爱热闹，每次看到男女私情，则面壁而坐。慈禧本来对皇后就不满意，这样就更加不喜欢她了。

皇后多次受责怪，依旧我行我素，慈禧便觉皇后故意不给她面子。而皇后对同治帝则是笑脸相迎，慈禧更认为她狐媚惑主，于是限制同治帝宠爱皇后，强令其移爱慧妃。而同治偏偏讨厌慈禧所喜欢的慧妃。于是，同治帝与太监佞臣常常微服外出寻花问柳。但同治怕臣下看见，不敢去京中较大的妓院名楼，专门找隐蔽的小妓院、暗娼等处。起初，人们对他的身份毫无所知，后来知道了也佯装不知。

一些王公大臣注意到同治帝微行纷传于内外，屡次劝谏同治而毫无成效。一次，同治帝对醇亲王的当面劝谏一再抵赖，醇亲王只好把时间、地点一一指明，同治帝却一再追问他消息的来源。

虽然这些传闻的真实性还有待考证，但这些传闻传扬甚广，而同治帝又死得可疑，因此许多人怀疑他死于梅毒也就不奇怪了。据说，载淳从烟花巷院染上梅毒，开始时毫无察觉，后来脸面、背部显出斑点，才召太医诊治。御医一见大惊，不知如何是好，因此请命于慈禧。慈禧传旨，向外界宣布说皇上只是染上天花。于是，御医们按照出痘的医法开药，没有效果。皇帝大怒，责问："为何不按我的病医治我？"太医回奏："太后命之。"而且《翁同龢日记》中记载说："风声过大，且非两宫圣意。"载淳愤恨不已。梅毒在当时是绝症，以天花治之，显然是为了掩盖丑闻，以免丢皇家脸面。所以同治后来就日益病重，下部溃烂而死。

同治究竟是死于天花还是死于梅毒，这两种说法各有各的来源，而且都能找出各自的证据，让人难以辨明，遂成清宫又一疑案。

珍妃为何死于井中

　　珍妃，姓他拉氏，满洲镶红旗人，才色并茂，颇通文史，光绪十四年（公元 1888 年）进宫，后晋封为珍妃。光绪帝与珍妃感情甚好，但慈禧与珍妃一直有嫌隙，后因珍妃支持光绪戊戌变法，因此受到慈禧太后怨恨，最后在光绪二十六年（公元 1900 年）七月八国联军进攻北京、慈禧仓皇出逃前夕，将珍妃溺死于宁寿宫外的井中，但珍妃是否坠井而死，一直众说纷纭。据《清朝野史大观》记载，八国联军兵临城下，慈禧等人收拾行装准备逃出紫禁城，珍妃进言说皇上是一国之君，应该留京，太后一怒之下命李莲英将其推入宁寿宫外大井中。

　　这种说法认为珍妃的死是由于她干预朝政，支持变法，惹怒了慈禧，才使慈禧在八国联军进京前、西逃西安时，将其除掉。

　　但是也有人说珍妃并未讲过"皇上留京"一语，珍妃坠井是西太后用封建的贞节观诱逼所致。

　　太监小德张过继孙张仲忱在《我的祖父小德张》一文中记述了珍妃死时的情景，说珍妃当时患重病，请求回娘家避难，慈禧不准，让崔玉贵把珍妃投入井中。

　　种种说法各持一端，至今也是个谜。但珍妃死后，引起了人们对她的无限同情，一批正直的士大夫知识分子纷纷托词为悼。